世界历史穿越报

SHIJIE LISHI CHUAN YUE BAO

用有趣的文字
讲真实的历史

欧洲小时候

彭凡 / 著

全国百佳图书出版单位
化学工业出版社
·北京·

图书在版编目（CIP）数据

世界历史穿越报.欧洲小时候/彭凡著.—北京：化学工业出版社，2021.10（2023.11重印）
ISBN 978-7-122-39923-6

Ⅰ.①世… Ⅱ.①彭… Ⅲ.①世界史-儿童读物 Ⅳ.①K109

中国版本图书馆CIP数据核字（2021）第189999号

责任编辑：孙　炜　　　　　　　文字编辑：陈小滔　贾全胜
责任校对：王　静　　　　　　　装帧设计：尹琳琳

出版发行：化学工业出版社（北京市东城区青年湖南街13号　邮政编码100011）
印　　装：天津图文方嘉印刷有限公司
710mm×1000mm　1/16　印张12　2023年11月北京第1版第3次印刷

购书咨询：010-64518888　　　　　　　　售后服务：010-64518899
网　　址：http://www.cip.com.cn
凡购买本书，如有缺损质量问题，本社销售中心负责调换。

定　价：39.80元　　　　　　　　　　　　　版权所有　违者必究

世界历史穿越报

·欧洲小时候·

前 言

每个民族,都有自己的过去。

每个国家,都有自己的历史。

那么,那些跟我们不同肤色、不同语言的人们,他们又是从哪里来的呢?

他们会不会和我们一样,也有自己的黄河母亲?

他们是怎么学会说话和写字的?

他们也爱吃米饭跟馒头吗?

他们也穿丝绸做的衣裳吗?

他们也有皇帝吗?他们的皇帝跟我们的皇帝一样拥有至高无上的权力吗?

他们创造过哪些了不起的成就和辉煌呢?

也许,他们有很多跟我们一样的地方,但他们一定也有很多跟我们不一样的地方。

为了搞清楚这些问题,我们报社的工作人员全体出动,乘坐时光机,穿越遥远的时空,去探访世界各地的人们曾经是怎么生活的,去见证在他们身上发生过哪些波澜壮阔的事情。

我们将采访到的一切,都刊登在《世界历史穿越报》中。我们将报纸做成一个合订本,每册有10~12期。这套《世界历史穿越报》一共有十个合订本,分别记录了我们在不同时空、不同国家的所见所闻。

每一期报刊都是我们冒着生命危险，辛苦采访和探寻的结晶，相信里面精彩的栏目和内容一定会让你大饱眼福——

"世界风云"是主打栏目。这里刊登的全是世界大事，譬如国家的诞生、战争与荣耀，以及帝王的生平事迹，等等。

"自由广场"是一个有趣的栏目。这里刊登了我们在各个时空的酒吧中搜集的各种奇奇怪怪的言论。你会发现，古人和今人一样，也喜欢聚在一起讨论各种八卦新闻呢。

"奇幻漂流"是我们专门为历史人物设立的一个来信栏目。他们遇到疑惑和烦恼，会给报社来信，我们有专业的编辑贴心为他们解答疑惑，抚慰他们的心灵。

"名人来了"是一个采访栏目。我们派出报社最八卦、最大胆的记者越越，去采访当时最杰出、最有争议的名人，挖掘他们的内心世界，将他们最真实的一面展现给大家。

另外，我们还有"智慧森林""嘻哈乐园""广告贴吧"等栏目，为大家展现当时最先进的科学技术，最时髦的文化潮流，以及一些五花八门的广告、漫画等，一定让你目不暇接，忍俊不禁。

最后，我们希望读者们能够通过这套报刊，学到知识，认识世界，然后成为一个视野开阔、见识广博的人。

目 录

第❶期 法兰克人的王国

【顺风快讯】	这是一个蛮族的世界	2
【世界风云】	打败"罗马的国王"	3
	国王的报复	5
【奇幻漂流】	同一个祖先，同一个梦想	7
【自由广场】	国王加入了基督教	9
【世界风云】	法兰克王国统一了	10
【智慧森林】	黑暗中的那束光	11
【名人来了】	特约嘉宾：克洛维	14
【广告贴吧】	《萨利克法典》即将颁布	16
	处罚通告	16
	欢迎大家加入本修道院	16

第❷期 重拾罗马的荣光

【顺风快讯】	东罗马有了个新皇帝	18
【世界风云】	新皇帝的第一把火	19
	赛车场上的惨案	20
	丝绸的秘密	22
【奇幻漂流】	越厉害，越危险	24
【自由广场】	拜占庭还能挨多久	25
【名人来了】	特约嘉宾：查士丁尼	26
【广告贴吧】	告士兵书	28
	圣索非亚大教堂即将落成	28
	求救信	28
	毁掉所有水道	28

第❸期　大唐高僧西行记

- 【顺风快讯】戒日王统一北印度 … 30
- 【世界风云】九死一生，大唐高僧天竺取经 … 31
- 【自由广场】特别的待遇，给特别的人 … 33
- 【世界风云】外来的和尚会讲经 … 34
- 【奇幻漂流】大师想回国，如何挽留 … 36
- 【名人来了】特约嘉宾：戒日王 … 38
- 【广告贴吧】出城迎接大唐使者 … 40
  　　　　　《龙喜记》即将开演 … 40
  　　　　　大会声明 … 40
- 【智者为王】智者为王第1关 … 41

第❹期　阿拉伯的新生

- 【顺风快讯】"鹬蚌"相争，"渔翁"得利 … 43
- 【世界风云】麦加出了个穆罕默德 … 44
  　　　　　以少胜多，阿拉伯的统一 … 46
  　　　　　走，一起抢面包去 … 48
  　　　　　千年古国被"蛮族人"打败了 … 49
- 【奇幻漂流】是前进还是撤退呢 … 51
- 【自由广场】三个选择 … 52
- 【名人来了】特约嘉宾：欧麦尔 … 54
- 【广告贴吧】关于实行伊斯兰教历的通知 … 56
  　　　　　新地区须建清真寺 … 56
  　　　　　要搬家，找一路通 … 56

第 5 期　伟大的帝国

【顺风快讯】	欧麦尔遇刺身亡	58
【世界风云】	奥斯曼也被杀了	59
	阿里遇刺	60
【自由广场】	谁才是合法的继承人	63
【世界风云】	征服西班牙	64
	东罗马的救星	66
【奇幻漂流】	拿起你们的武器，战斗吧	68
【名人来了】	特约嘉宾：穆阿维叶	69
【广告贴吧】	统一使用铜币	71
	设立麻风病疗养院	71
	欢迎上诉	71
	沙龙邀请函	71

第 6 期　宫相当国王

【顺风快讯】	站在国王后面的人	73
【世界风云】	查理的新规矩	74
	法兰克大败阿拉伯	77
	丕平之心，路人皆知	79
【奇幻漂流】	丕平献土，岂有此理	81
【自由广场】	教皇的书信是真的还是假的	82
【名人来了】	特约嘉宾：丕平三世	83
【广告贴吧】	骑士装备我家强	85
	法式羊角面包出炉了	85
	君士坦丁的赠礼	85
【智者为王】	智者为王第 2 关	86

第❼期　又一个罗马皇帝

【顺风快讯】　父亲是矮子，儿子是巨人 …………………………… 88
【世界风云】　查理的理想 ………………………………………… 89
　　　　　　　又一个罗马皇帝诞生了 …………………………… 91
　　　　　　　爱学习的蛮族皇帝 ………………………………… 93
　　　　　　　聪明的使者 ………………………………………… 96
【自由广场】　罗马帝国复兴了吗 ………………………………… 97
【奇幻漂流】　生了几个白眼狼 …………………………………… 98
【名人来了】　特约嘉宾：查理大帝 ……………………………… 99
【广告贴吧】　沉痛哀悼骑士罗兰 ………………………………… 101
　　　　　　　聘请立奥当校长 …………………………………… 101
　　　　　　　拉丁文改革 ………………………………………… 101

第❽期　海盗来了

【顺风快讯】　海盗来了 …………………………………………… 103
【世界风云】　英格兰之王 ………………………………………… 104
　　　　　　　糊涂国王办糊涂事 ………………………………… 106
　　　　　　　蓝牙王，海盗的终结者 …………………………… 108
　　　　　　　海盗建立了大帝国 ………………………………… 109
【奇幻漂流】　国王如同流浪儿，怎么办 ………………………… 111
【自由广场】　是英雄，还是魔鬼呢 ……………………………… 112
【名人来了】　特约嘉宾：阿尔弗烈德大王 ……………………… 113
【广告贴吧】　骑士可以领工资了 ………………………………… 115
　　　　　　　发现一块金子 ……………………………………… 115
　　　　　　　招聘造船名匠 ……………………………………… 115

第9期　城堡的主人

【顺风快讯】	捕鸟者当国王	117
【世界风云】	查理曼的粉丝——奥托大帝	118
【自由广场】	神圣的罗马皇帝	120
【奇幻漂流】	基督教要分家	121
【世界风云】	皇帝向教皇请罪	122
【智慧森林】	城堡与骑士	125
【名人来了】	特约嘉宾：亨利四世	128
【广告贴吧】	墨尔森条约	130
	骑士的誓言	130
	寻奴启事	130
【智者为王】	智者为王第3关	131

第10期　征服者威廉

【顺风快讯】	哈罗德登上王位	133
【绝密档案】	威廉的如意算盘	135
【世界风云】	法国人征服了英格兰	137
【自由广场】	世界末日要来了	139
【世界风云】	国王的审判书	140
【奇幻漂流】	一仆二主，如何是好	142
【名人来了】	特约嘉宾：征服者威廉	143
【广告贴吧】	修建威斯敏斯特教堂	145
	空中出现不明物	145
	欢迎推荐陪审员	145

第 11 期　金光闪闪的时代

【顺风快讯】	阿拉伯和中国打了一仗 ································· 147
【世界风云】	哈里发迁都，小村庄变大城市 ····················· 148
	了不起的阿拉伯人 ····································· 150
	既能打天下，也能治天下 ···························· 153
【自由广场】	最豪华的婚礼 ··· 155
【世界风云】	爱学习的哈里发 ··· 156
【奇幻漂流】	炼丹炼出"黄金"来 ··································· 158
【名人来了】	特约嘉宾：侯奈因 ····································· 159
【广告贴吧】	会传信的鸽子 ··· 161
	《指南》在手，旅行不愁 ···························· 161
	分封通告 ·· 161

第 12 期　阿拉伯帝国的没落

【顺风快讯】	巴格达迁都，皆大欢喜 ······························ 163
【自由广场】	憋屈的哈里发们 ··· 164
【世界风云】	奴隶也能当哈里发吗 ································· 165
	塞尔柱帝国的兴与衰 ································· 167
【智慧森林】	《一千零一夜》，讲不完的故事 ················ 169
【奇幻漂流】	去哪个大食做生意 ····································· 171
【名人来了】	特约嘉宾：伊本·西拿（又名阿维森纳） ··· 173
【广告贴吧】	污水处理公告 ··· 175
	不给庸医发执照 ··· 175
	给新医院选址 ··· 175
【智者为王】	智者为王第 4 关 ··· 176
【智者为王答案】	··· 177
【世界历史大事年表】	·· 179

【公元 476 年—529 年】

法兰克人的王国

穿越必读

西罗马帝国灭亡后,在原本西罗马的土地上,建立起许许多多日耳曼人的国家。其中,法兰克王国是最强大的,法兰克人也被视为法国人的祖先之一。

顺风快讯

这是一个蛮族的世界
——来自欧洲的快讯

（本报讯）我们已经知道，日耳曼人本来是生活在罗马帝国边境的一个民族。他们长着金头发、蓝眼睛，皮肤白皙，身材高大，却喜欢喝酒、打仗，抢夺罗马人的财物。所以罗马人痛恨他们，把他们叫作蛮族。

公元4世纪，匈奴人来到欧洲。这可是个比日耳曼人还要凶狠的民族。他们一路追着日耳曼人打，把他们赶到了罗马帝国。在两个蛮族的进攻下，罗马帝国乱了套，最终西罗马灭亡了，领土也被日耳曼人占领了。

日耳曼人在原西罗马的土地上建立了许多国家，也从罗马人身上学到了许多东西，比如酿酒、泡澡，还有拉丁文、基督教，等等。不过，像日耳曼人这样的蛮族，是没办法一下子变得文明起来的。他们还是像以前一样，喜欢喝酒、打仗，到处搞破坏。

在他们的统治下，欧洲变得乱糟糟的。所以，有人把接下来很长的一段时间，称作欧洲的黑暗时期。

打败"罗马的国王"

日耳曼人有很多部落,其中有一个部落生活在高卢地区,叫法兰克人。法兰克人又分成两支:一支叫"河滨法兰克人";另一支叫"海滨法兰克人"。

海滨法兰克人的首领有一个儿子,叫克洛维。在克洛维11岁那年,西罗马帝国灭亡了。后来,克洛维的父亲也死了,15岁的克洛维就被推举为海滨法兰克人的新首领。

这个时候,西罗马虽然不存在了,可是高卢还有大片土地在一个罗马人手里。

这个罗马人名叫西格里乌斯。早在西罗马灭亡前,他就霸占了高卢,围绕一个叫苏瓦松城的城市建立起一个国家,还自称是

世界风云

"罗马的国王"。

克洛维认为这位"罗马的国王"对他造成了很大威胁,决定攻打他。

公元486年,克洛维率领法兰克人向苏瓦松城发起猛烈的攻击。法兰克人打起仗来非常凶猛。在战场上,法兰克士兵拼命往前冲,妇女们就在队伍后面,拼命给自己的丈夫、儿子或者兄弟呐喊助威。罗马人被法兰克人浩大的声势吓到了,慌忙撤退。就连那位"罗马的国王",也丢下自己的军队,狼狈地逃跑了。

克洛维当然不会放走"罗马的国王"。他到处派人寻找,终于把这位国王逮住了。

战争结束后,克洛维得到了高卢的大片土地。罗马人也彻底失去了他们在高卢的统治。

你逃不出我的手掌心!

国王的报复

法兰克人有一个规矩：每次打仗获得的战利品，都要堆在一起。然后大家抽签，抽到什么，就拿什么。谁也不许多拿，就算是部落首领也不行。

法兰克人打败罗马人后，照样把战利品堆在一起，准备抽签。这些战利品，有许多是从教堂里搜罗来的。因为罗马人信奉基督教，所以他们建造了许多宏伟的教堂。教堂里有数不清的金银财宝和精美器皿。现在，它们都要被法兰克人瓜分掉了。

这时候，有一个教堂的主教找到克洛维，请求他把一个金杯还给教堂。这个金杯对法兰克人来说，只是个普通的杯子，可它对教堂来说却有很重要的意义。克洛维觉得这没什么，就一口答应了。

到了该抽签的时候，克洛维面对堆积如山的财宝和欢呼雀跃的战士，大声说道："我亲爱的战士们，我希望除了我应得的那份东西外，你们不要拒绝让给我那只金杯。"

面对首领的这个小小请求，法兰克战士们当然不会拒绝。可是，有个战士却不这么想，他认为，就算是首领，也要遵守法兰克人一直遵从的规矩。于是，他高声嚷嚷说："你只能拿你抽中的东西，这个金杯你别想拿走！"说完举起战斧，咣的一声，把金杯劈得粉碎。

克洛维气得说不出话来，可他又不能惩罚这个战士，因为战士并没有错。

世界风云

　　这个战士的做法虽然很正直，可是他忘了，克洛维虽然是首领，但是这些年他在法兰克人心中的权威一天比一天高，人们不仅仅把他看作首领，更多的是把他当成了法兰克人的国王。这个战士惹怒了"国王"，那么"国王"一定不会让他好过。

　　克洛维当然也不打算原谅这个战士。一年后，在一次检阅军队的时候，克洛维大步走到那个战士跟前，说："你的武器保管得太糟糕了，不管是你的投枪、剑，还是战斧。"说完，把他的战斧丢到地上并将其处死。

　　其他战士看了，吓得魂飞魄散。可是谁也不敢说话，因为"国王"的权威是不容挑战的。

　　从那以后，克洛维就像一个真正的国王一样，行使他国王独有的权力。

同一个祖先，同一个梦想

编辑老师：

你好。俺是西罗马帝国的护国主奥多亚克。你一定知道俺吧？就是俺推翻了最后一个西罗马皇帝，接管了西罗马帝国。东罗马也挺支持俺的。那时，兄弟们天天为俺摆酒祝贺，别提有多神气了！

没想到，东哥特人也想要这块肥肉，派了大军来攻打我们，把我们打得一塌糊涂。

前不久，他们的首领狄奥多里克邀请俺去参加他们的宴会，说是如果俺愿意投降的话，他可以和俺共同治理罗马。

你说，俺要不要接受他的建议呢？毕竟我们都是日耳曼人，拥有同样的梦想。要是我们一起携起手来，共治意大利，让整个罗马成为我们日耳曼人的天下，岂不是两全其美？

奥多亚克

奥多亚克：

您好。到现在，您怎么还在做这种美梦呢？赶紧醒醒吧！

您知道，自从您占领意大利后，有多少双眼睛在盯着您吗？第一个想灭掉您的，就是您曾经的盟友——东罗马的皇帝。狄奥多里克就是受他的唆使来对付您的。

如今，胜负既分，胜利者怎么可能和失败者分享胜利果实呢？这只是诱使您赴宴的一个"鱼饵"罢了。若您上了钩，必定是有去无回。还请三思！

（注：奥多亚克赴宴后，被杀身亡。狄奥多里克成为意大利的统治者，建立了东哥特王国。）

嘻哈乐园

自由广场

国王加入了基督教

法兰克小兵甲

我们的国王克洛维结婚了,新娘子是位公主,又美丽又温柔,克洛维可宠她了,什么事都听她的。

也不是所有吧?这位新娘子是个基督徒,总跟我们国王吹枕边风,要求他也改信基督教,不要信我们的部落神,国王不是没听从吗?

法兰克小兵乙

法兰克小兵丙

是啊。听说王后为刚出生的孩子偷偷地举行洗礼仪式,可这可怜的孩子当天晚上就死了。结果夫妻俩为了这事吵闹不休呢!

但克洛维最后还不是改变了想法吗?听说他在一场战争中打了败仗,病急乱投医,仰天痛哭道:"上帝啊,你要是真像我老婆说的那样神的话,就请你救救我吧!如果你帮我战胜了敌人,我就带大家信奉您!"结果,还真神了,敌军突然出现内讧,国王被杀,不战而退。所以,克洛维带着他的三千亲兵加入了基督教。他可是第一个信奉基督教的日耳曼国王啊!

罗马小兵甲

法兰克王国统一了

克洛维加入基督教后,又出兵打败西哥特王国,夺取了高卢南部的大片土地,很快在欧洲有了名气。他想称霸欧洲,他的同胞——河滨法兰克人却不答应。

如何除掉河滨法兰克人这块绊脚石呢?

克洛维派人找到河滨法兰克人首领的儿子小克洛德里克,问他:"你们这里,谁的权力最大?"

"那还用说,当然是我的父亲!"小克洛德里克自豪地答道。

克洛维于是"开导"他说:"那如果你的父亲死了,你不就成了最有权力的人吗?"

小克洛德里克听了心中一动,果真回去杀死了自己的父亲。

为了感谢克洛维的"开导",小克洛德里克表示要送给克洛维一大堆金银财宝。克洛维一口拒绝,却提出要和自己的使者看一眼这份礼物。

他们围着财宝转了一圈又一圈,小克洛德里克不住地向克洛维吹嘘自己的"功劳"。那个使者趁其不备,一刀就把他砍死了。

为了表示自己的清白,克洛维第一时间跑去把这事告诉河滨法兰克人,还表示愿意接纳河滨法兰克人。

河滨法兰克人竟一点也没怀疑,再加上没了主心骨,就拥护克洛维为自己的首领。就这样,克洛维统一了法兰克。

智慧森林

黑暗中的那束光

西罗马灭亡后,日耳曼人在欧洲横冲直撞,不是抢劫,就是杀人。人们胆战心惊地活着,再也没有心情去种田、造房子,以及读书了。

整个欧洲陷入了一片黑暗。

这个时候,有一群人勇敢地站了出来。他们跋山涉水,走乡串户,告诉大家,只要天天祷告,就有机会进入天堂。他们就是基督教的传教士。

蛮族的人什么都不怕,就怕坏事做多了,死后会有鬼神惩罚他们。所以,传教士的话他们也听进去了,慢慢地,也不再肆无忌惮地杀害百姓了。

除此之外,传教士还做了很多重要的事情。比如写公文,测量土地。

甚至，谁和谁吵架，哪一对新人要结婚，等等，都由他们管。

因此，越来越多的人尊敬他们，相信他们。慢慢地，几乎每一个地区，都会有一个教会、一位教士。几个小教会又合在一起，组成一个大主教区，由主教来指挥。

而所有教会都归一个人管，听从一个人的命令，那就是罗马教皇。所以，教皇虽然没有军队，没有武器，但权力却比皇帝还要大。

这就很厉害了，因为这时候，不只是城里，就连乡下、深山里，只要有人的地方，就有基督教徒的足迹。

他们甚至在荒无人烟的地方，盖上了一座座房子，在里面苦修。什么叫苦修呢？就是舍弃一切好吃的、好玩的，住很简陋的小房子，吃很简单的食物，日子过得十分清苦。

有一个叫西蒙的教士最有意思，他为了离人群远一点，造了一根十多米高的大圆柱。而

智慧森林

他，就住在柱子顶端的小房子里。小到什么地步呢？只能坐，不能躺，比牢房还难受。这要是换成一般人，待上一天就受不了了，他却在上面一连住了很多年。不管是刮风下雨，还是艳阳高照，他都没有下来过。就连吃饭，都是朋友送上去的。

不过，像他这样的人还是不多。大多数男人和女人还是愿意联合起来，不管有钱没钱，一起苦修，一起种菜，一起做事，一起造房子。慢慢地，就形成了修道院。住在里面的人，男的就叫修道士，女的就叫修女。

这些人虽然日子过得很清苦，却相信，只要辛勤劳作，就能把生活变好。他们把荒地开垦成农田，用手把一些古老的书籍抄在小牛皮或羊皮上，让这些书籍完整地保存下来。遇到饥荒，他们还会把仓库里的粮食拿出来，救济大家。如果有人生病了，修道院还会免费帮忙治疗。另外，他们还兴办学校，把自己知道的知识教给人们。很多人为了感谢他们，都会给修道院送一些珍贵的礼物。

在欧洲最黑暗的时期，他们就像一根根点亮的火柴，给黑暗中的人们带来了一点点光亮。

人人都有份！

太感激了！

名人来了

特约嘉宾
克洛维
（简称"克"）

越越
（简称"越"）

> 嘉宾简介：他是法兰克王国的第一个国王。在他的努力下，法兰克人占领了包括巴黎在内的广大地区，以巴黎为首都，建立了法兰克王国，成为所有日耳曼民族中最有实力的国家之一。

越：国王陛下，您好。请问"法兰克"是什么意思？

克：在日耳曼语里，是"大胆"的意思。我们法兰克战士是出了名的胆子大，不怕死。

越：那您现在手下有多少战士？

克：10万~15万人的样子。

越：啊，这么多！现在一支军队能有一万人就已经了不起了。

克：没错，我们的战士最多，也最善战！

越：那领导这么多好斗的战士并不是一件容易的事吧？

克：嗯，当他们的领头人，不能比他们懦弱，更不能比他们愚蠢。

越：您认为一个好的领头人必须具备什么样的特质？

克：第一，当然是要会打仗。像法兰克人那样英勇善战，以战斗作为自己的终生理想和目标。

越：第二呢？

克：第二，做事要果断，不能优柔寡断、拖泥带水。对自己有威胁的人和事，比如那个当场跟我唱反调的士兵，必须果断除掉。

越：还有第三吗？

克：第三嘛，就是要有长远眼光，不能被眼前的小问题给蒙蔽。比如很多法兰克人不赞成信奉基督教，但我认为这事对我们来说利大于弊，就没有听他们的。

越：我还以为您只是枕边风吹多了，一时冲动……

克：这可是大事，冲动不得。你想想，虽然西罗马已经灭亡，但教会的力量还很强大，他们一直想找个强有力的依靠。而我们，有了他们的支持，力量会更强大，做起事来也更方便，大家互惠互利，何乐而不为呢？

越：哇，原来您想得还挺多的！

克：在这乱世，要想活下去，就必须有心机，会手段，不能傻头傻脑地往前冲，否则死的不是别人，而是自己！

越：以前您是蛮族，做事多过分也没人会说您，但现在信了基督教，就不要成天提"死"啊、"杀"啊这些字眼了吧？

克：为什么不？即使我信了基督教，斧头和宝剑也将伴随我一生，直到我死的那天为止。

越：别别别，您要死了，法兰克人该听谁的啊？

克：当然是听国王的啊。根据我们法兰克人的传统，我死后，王位由我的儿子继承，法兰克人自然是听我儿子的。

越：可我听说您有四个儿子，将来由谁继承王位呢？

克：好办，人人有份，每个人分一点地儿。

越：女儿有份吗？

克：法兰克人的土地传子不传女，就算没有儿子，也没有女儿的份，因为土地是归王国所有的。

越：那不是意味着，您好不容易统一了法兰克，又要将它瓜分吗？

克：那没办法。这个是传统，没法改变。

越：好吧，希望您的王国越来越繁荣。

克：嗯，法兰克人是世界上最有进取心的民族。法兰克王国的强大，是我的终生目标！谢谢小记者的祝福。

广告贴吧

 《萨利克法典》即将颁布

为了法兰克王国的统一和发展,现将萨利克部族通行的各种习惯法,整理汇编成《萨利克法典》。

如有偷耕、侵占他人田地和破坏庄稼的行为者,都根据此法进行赔偿,而受害者所得到的赔偿金的三分之一应交给王室。

法兰克王国

处罚通告

莱茵河下游的杰克逊,前天不经邻居同意,擅自翻耕邻居的土地,现决定,罚款15个金币。望大家引以为戒,不要再度发生类似事件!

法兰克王国

欢迎大家加入本修道院

因想加入本修道院的人太多,本院重申一下加入规则。凡是想要加入本修道院的人,必须宣誓:
一、自己终生不准拥有一分钱;
二、必须完全服从修道院院长;
三、不准结婚。
接受不了这样的规定,就请不要打扰了。

圣本笃修道院

第 2 期

【公元 527 年—565 年】

重拾罗马的荣光

穿越必读

虽然西罗马灭亡了,但东罗马还是罗马人的天下。有个罗马人名叫查士丁尼,他发誓要赶跑蛮族,让罗马重焕荣光。可是这一切,该从何下手呢?

顺风快讯

东罗马有了个新皇帝
—— 来自拜占庭的加密快讯

来自拜占庭的加密快讯

（本报讯）西罗马虽然灭亡了，东罗马帝国（也称拜占庭帝国）还依然存在。

公元527年，东罗马有了个新皇帝，叫查士丁尼。据相关调查，查士丁尼的父亲是个农民，出身低微，并不是什么"官二代"。那他是如何爬上皇帝宝座的呢？

原来，查士丁尼有个当兵的伯父。伯父虽然目不识丁，但因作战有功，为人忠诚，在东罗马皇帝身边当差。这个皇帝死后，很多人都想竞选皇帝，一时间朝中乱成一团。

查士丁尼于是帮伯父夺取了皇帝宝座。伯父这时已经年近七十，又没有儿子，见查士丁尼聪明能干，便收他为养子，让他协助自己处理国家大事。

查士丁尼很快就获得人们的拥戴，得到了"恺撒"和"奥古斯都"的称号。

伯父去世后，作为他的继承人，查士丁尼也就顺理成章地成了东罗马唯一的皇帝。

新皇帝的第一把火

查士丁尼胸怀大志，一心想恢复罗马以前的荣耀。但要想征服敌人，必须先让自己强大起来。

他上任后烧的第一把火，就是组织了一个法律编纂委员会，让他们编一部法典出来。

为什么呢？因为当时的大多数法律都是四百多年前制定的，有些内容虽然很不错，但有些内容却很不合时宜。

比如，以前基督是罗马的敌人，法律规定，信基督的人要被处死。可是，自从君士坦丁大帝之后，皇帝和臣民基本上都信了基督教，那不是每个人都该杀吗？

这样的例子，实在是太多了。因此，查士丁尼想让人制定一套新的法律。

委员会专家的办事效率很高，从公元528年开始，用了六年的时间，搜罗整理了罗马所有的法律，终于编制出欧洲有史以来第一部巨大的、包罗万象的、最为完备的法典——《查士丁尼法典》。

《查士丁尼法典》是用希腊文写的，除了修正一些以前的法律外，还规定：奴隶被释放后，不但享有普通公民的权利，还有资格被选举为元老或者皇帝；被判刑的人如果不服，可以向上一级法院上诉，甚至还可以告到皇帝那里。

这些规定受到了人们的热烈欢迎，也为东罗马帝国带来了空前的繁荣与安定。

世界风云

赛车场上的惨案

公元532年1月,君士坦丁堡发生了一件大惨案。出事的地点在首都一个最大的赛车场。

这个赛车场修建得十分豪华,可以同时容纳五万人。东罗马的市民非常喜欢赛马车,经常在这里举行赛车比赛。

通常,参加比赛的人组成若干个赛车队,根据服装颜色,分为红队、白队、绿队及蓝队四个大队。其中蓝队与绿队最强大。支持蓝队的主要是元老贵族和地主,支持绿队的主要是富商和手工业者。因为立场不同,每次比赛的时候,大家都争吵不休,甚至还会打架。

惨案发生的当天,蓝队和绿队又吵了起来。蓝队认为查士丁尼登基是自己的功劳,绿队则大骂在场的查士丁尼偏袒蓝队,双方在赛车场发生了激烈的斗殴。最后市长出面,抓走了双方的领袖,还判了几个人死刑。

其中两个在被处以绞刑的时候,绳子一连断了三次。市民们请求皇帝饶恕他们,皇帝没有同意。于是大家抢走了两个死囚,包围了皇宫,还在城里四处放火,焚毁了圣索非亚大教堂等大量豪华的建筑。

查士丁尼吓得浑身发抖,决定在赛车场向市民发表演说。但人们根本就听不进去,他们高喊着"尼卡(胜利的意思)!尼卡!"向皇帝和皇后投掷石块,声称要废掉查士丁尼,立个新皇帝(史称"尼卡起义")。

查士丁尼见大事不妙,就带着皇后等人偷偷地溜回皇宫,然

世界风云

后让人把金银财宝搬到船上，准备脚底板抹油——溜之大吉。

皇后见了，顿时火冒三丈，说："一个头戴皇冠的人，怎么能在失败时一走了之呢？如果您选择逃跑，那么陛下，祝您好运！而我，选择留下来！"

查士丁尼听了，羞得满脸通红，当即决定留在首都，与百姓和解。

可是，他真的决定和解了吗？当然没有！他一边派人与对方谈判，一边却暗中调动大军，冲进赛车场，向场内的百姓展开了血腥屠杀。刹那间，三万多平民百姓惨遭杀害，鲜血染红了整个赛车场……

一场震撼帝国的大暴动，就这样结束了。

我们再谈判啊！

啊，杀人啦！

丝绸的秘密

大家都知道，罗马和波斯是一对老冤家，几乎每隔几年，就要发生一次大战。这是为什么呢？

因为波斯的位置，正好处在中国与罗马的中间。自从中国的丝绸流入欧洲后，欧洲人就爱上了中国的丝绸，恨不得天天穿在身上。可是他们要花很高的价格，才能从中间商波斯人那里买到。

为了丝绸，东罗马跟波斯人没少打仗。结果，查士丁尼不但没抢到丝绸，还倒赔了许多黄金。

打不过波斯人，买不到丝绸，查士丁尼就想：那就不如自己造吧！可找遍整个欧洲，没有一个人会造丝绸。

一直到公元543年，有两个来自印度的僧人跑来告诉查士丁尼："中国人能做出丝绸来，是因为有一种很小的虫虫，会吐出一种细细的丝，丝绸就是用这种丝织成的。"

没错，这个小小的虫虫，就叫蚕。在这之前，只有中国人知道蚕能吐丝的秘密。欧洲人对这个秘密一无所知，他们认为，这么精美的东西，只有天上的神仙才能织出来。

查士丁尼知道这个秘密后，觉得很神奇，于是派人到中国，把蚕卵装在竹竿做的手杖里，悄悄地带回了罗马。

不久，罗马人也织出了丝绸。从此，罗马再也不用花高价买丝绸了，反而因为丝绸发了大财。原本去往中国的船只，纷纷开到东罗马。人们感觉好像又回到了过去繁华的罗马时代。

嘻哈乐园

奇幻漂流

越厉害，越危险

编辑老师：

你好。我是贝利萨留，拜占庭帝国的一员大将。这几年得陛下赏识，我立了不少军功。在降服汪达尔王国时，陛下还为我特意举行了凯旋式。在我之前，罗马已经有500年没有举办这样的仪式了。前不久，我又攻下了东哥特王国，这意味着罗马有大半领土回到了我们手中，算是大功一件。

可是，当我回国的时候，却没有掌声，没有欢呼，就连我的军权，后来也被剥夺了。若不是皇后替我说情，说不定我的命也没了。我对陛下如此忠心耿耿，陛下为何要如此待我呢？

贝利萨留

将军：

您好。东罗马能有现在的辉煌，里面至少有一半是您的功劳。

可是，您忘了，皇帝一直想收复西方的失地，做一个堂堂正正的罗马皇帝，而您没有经他同意，居然答应当东哥特的国王！这不是在皇帝头上动土吗？

皇帝对您的信任早已不复从前。现在的您打仗越厉害，处境就越危险。不要再想着如何挽回皇帝对您的信任了，好好回家养老吧，或许还能保住自己的一条性命。

（注：后来贝利萨留被指控谋反，关进狱中，三年后去世。同一年，查士丁尼也去世了。与他们一起消逝的，是东罗马的辉煌。）

自由广场

拜占庭还能挨多久

唉！这查士丁尼再厉害，又有什么用呢？他一死，他辛辛苦苦打下的土地，还不是马上就又丢失了？意大利丢了，西班牙丢了，迦太基丢了，丢的比打下来的还要多。

某铁匠

某平民

是啊，据说他儿子去看了下国库之后，说了这么一句话：我们的国库已经空虚到这个地步了吗？

这句话的意思是，咱拜占庭是不是也挨不了多久了？

难说，这拜占庭好比一个巨大的建筑物，早已年久失修，再加上连年征战，瘟疫盛行，蛮族入侵，能挨多久，看老天爷的意思了！

某将军

某贵族

大家别这么悲观。至少大帝留给了我们一部完备的法律，还创建了"铁甲士"这种新型骑兵，这些可都是管理国家的好工具。凭这两样，我觉得咱拜占庭还能混些日子！

不管怎么说，查士丁尼也给我们做了很多好事。比如，建了很多教堂、修道院，发扬了雕塑艺术，还让我们穿上了便宜的丝绸，算得上是个好皇帝吧！

某雕塑家

名人来了

特约嘉宾 查士丁尼（简称"查"）

越越（简称"越"）

> 嘉宾简介：他是东罗马最有名的皇帝，重塑罗马的辉煌一直是他心中的梦想。在他的统治时期，他以过去一半的国力，收复了超过昔日帝国三分之二的疆域，他的丰功伟绩将永载史册。

越：陛下，您好。今天您泡澡了吧？

查：……我对这种事不感兴趣。

越：那赛车、跳舞呢？

查：也没兴趣。

越：那您跟别的罗马人还真不一样。那您的兴趣是？

查：我的兴趣是看书、散步、一个人发呆。所以四十多岁都没有想过结婚。

越：那后来怎么又结婚了呢，而且娶的还是个舞女？

查：皇后虽然出身不好，却很有智慧，帮助我做了很多我以前做不到的事，很多男人都比不上她！

越：可您身为皇帝，怎么能娶一个舞女呢？没有人反对吗？

查：反对又如何？这是我的人生，又不是他们的人生！

越：呃，这么说，陛下很重视她了？

查：那是自然。当年若不是她让我放了贝利萨留，我怎会留他到现在？

越：原来皇后也知道贝利萨留是个人才。

查：她当然知道。贝利萨留的夫人是她的好朋友，曾经和她一起在马戏团做过演员。

越：噢，将军和您一样，也不顾门第身份，娶了个门不当户不对的女人？

查：嗯，贝利萨留和他的夫人感情很好，不管他走到哪里，她都跟随，包括战场。

越：那战士们不会有意见吗？

查：怎么会呢？有一次出征，她还帮了战士们一个大忙。

越：什么忙？

查：她在出发前，瞒着丈夫，将一些水搬到了船底。结果，走到半路，船上没水了，她弄的那些水就派上了大用场呢！

越：果真是聪明人啊！

查：只可惜，摊上个不聪明的丈夫。

越：您说贝利萨留不聪明？他要是不聪明，能打赢这么多场仗吗？

查：可能是他运气比较好。

越：但每次都是以少胜多，已经不能纯靠运气了吧？——说到这里，我想问问陛下，为何您每次派兵给他，都派很少呢？

查：他不是又聪明又有能耐吗？兵越少，越能体现他的能耐和智慧啊！

越：……那您刚刚为何又说他不聪明呢？

查：会打仗，不代表够聪明。他要是聪明，就应该知道，做人要低调，要收敛，不能功高盖主！

越：贝利萨留立了这么多功劳，容易遭人嫉妒，您可千万别听信谣言啊！

查：小记者，你这么替他说话，是不是跟他一伙的？

越：（连忙摆手）哪有哪有，我只是替罗马可惜。好不容易出了个厉害的皇帝和将军，却闹内讧，这西罗马还等着你们去收复呢！

查：唉，晚喽，拜占庭这些年闹了多次瘟疫，人口死了大半，哪来的军队打仗？这是老天要亡我罗马的节奏啊！

越：那赶紧想想办法啊！

查：今时不同往日，皇后死了，贝利萨留老了，我也老了……

越：听说贝利萨留被您弄瞎双眼，流落街头，以乞讨为生。这是真的吗？

查：一派胡言。朕会做出这样残忍的事情吗？

越：我也是听说……

查：好了，教士们找我有事，今天就到这吧。

越：……

告士兵书

士兵们，我们远征北非，是想收复这块土地，而不是一上岸就四处掠夺。和当地人好好交涉就可以便宜买下的东西，何必去抢呢？如果你们还要去抢劫的话，他们就会把我们当作侵略者，去投靠敌人了！

贝利萨留

圣索非亚大教堂即将落成

在尼卡暴乱中，皇宫里的小教堂遭到严重破坏。不过，这并不遗憾，因为一所更大的教堂即将落成！这是一个伟大的建筑作品，所用物料来自帝国各地，到处都镶着彩色的玻璃，还有一个巨大的圆屋顶！到时，大家会看到一个光彩夺目的大教堂，敬请期待！

圣索非亚大教堂建筑中心

求救信

陛下，我们已经为您收回了罗马，但现在我们还需要对抗大群的蛮族。如果您希望您的官兵还能生存，还能继续为光复作战，请陛下送点粮食、武器及兵马过来。

贝利萨留于东哥特

毁掉所有水道

罗马城共有十一条供水管道。为了防止东罗马人从水道潜入城里，现决定将所有水道全部破坏掉。

东哥特人

（注：公元537年，象征罗马文明之一的罗马水道就此被毁。）

第3期

【公元6世纪末—647年】

大唐高僧西行记

穿越必读

当穆斯林向左邻右舍展开攻击，欧洲处于一片黑暗时，一个叫玄奘的中国僧人却冒着九死一生的危险，徒步来到印度，开了一场辩论大会……

顺风快讯

戒日王统一北印度
——来自戒日帝国的加急快讯

（本报讯）公元6世纪，印度文明最发达的地方——恒河流域又乱成了一锅粥，大大小小的邦国，光说得出名字的就有七十多个。大家谁也不服谁，都想当印度之王。

> 来自戒日帝国的快讯

有个叫坦尼沙的邦国，也想统一印度，却总是不能成功。国王有两个儿子，都非常英勇善战。哥哥当上国王后，王位还没坐热，就跑出去打仗，结果被敌人杀害了。

为了给家人报仇，17岁的弟弟登上王位，人称"戒日王"，他倾全国之力，与敌人决一死战，这才打跑敌人。

戒日王的军队十分厉害，有象、车、马、步四大兵种，光骑着大象的象兵就有六万。那些战象身上披着厚厚的铠甲，背上坐着一个象夫发号施令，遇到敌人时，大象长鼻子一甩，就能把敌人抛出几丈远，不死也是重伤。很多邦国都不是戒日王的对手，纷纷俯首称臣。戒日王很快控制了北印度的大部分地区。

公元612年，戒日王定都曲女城，建立了一个崭新的大一统帝国——戒日帝国！在他的治理下，北印度井井有条，三十年都没有发生过战争。

九死一生，大唐高僧天竺取经

公元631年，印度的寺庙里出现了一位和尚。这位和尚每到一处，就去拜访当地的佛教圣地，向高僧请教。若是有人问起他的来历，他就说："贫僧自东土大唐而来，前来取经。"

咦，中国的和尚为什么要千里迢迢跑到印度来取经呢？

原来，这个和尚法名叫玄奘，很小的时候就出了家，对佛学很感兴趣。他曾经跑遍了长安城大大小小的寺庙，找人探讨佛学的真谛。但他提出了很多稀奇古怪的疑问，没有人能回答。

玄奘十分苦恼，只好自己翻书。可是，那些经书都是从国外翻译过来的，每部书的翻译者都不同，书中的说法也五花八门，玄奘不知道信哪个版本好。

于是，玄奘便有了一个大胆的想法：亲自去佛教的发源地天竺（中国对古印度的称呼）将原版的佛经取回来，然后进行翻译。可是，当他向官府提出出国申请时，却被拒绝了。

世界风云

　　按照大唐法律，没有官府允许，偷渡出境是死罪。但玄奘为了寻求真理，还是悄悄地离开长安，独自踏上了西行的道路。

　　经历一次又一次的死里逃生，他终于成功地跨过边境，穿过烈日黄沙，来到了一个叫高昌国的国家。

　　高昌国的国王也是一个佛教徒，他热情地接待了玄奘，并表示想把他留下来传播佛教。玄奘委婉地拒绝了国王。于是，国王将他强行扣留，不许离开。为了表示自己西行的决心，玄奘以绝食作为抗议，三天三夜滴水粒米不进。

　　最后，高昌国国王被玄奘宁死不屈的精神深深感动，派人护送玄奘继续西行，还写了许多公文给沿途国王，请他们关照玄奘。这样，玄奘西行的道路就顺畅多了。

　　玄奘穿过了一座座高山，越过了一条条大河，历经九死一生，终于来到了天竺。

　　在这里，玄奘认真学习，到处搜集佛家经典，拜访知名高僧，用十四五年的时间走访了印度数十个国家，终于将自己的疑惑一一解开了。

渴了就喝口水吧！

特别的待遇，给特别的人

某商人：呀，听说大唐高僧去那烂陀寺了。寺里的人对大唐高僧很不一般，还特地准备了一支仪仗队欢迎他，路上还铺满了鲜花呢！

某吠舍：那烂陀寺？那里不但是印度的佛教文化中心，还有很多从事数学、天文学、医学研究的高人，有那么多高人在，他一个外国来的僧人，能翻出什么花样来不成？

僧人甲：你们可别小看他！他在我们这吃的、用的，都跟别人不一样。吃的是印度特产的大米——供大人米，这种米做出来的饭特别香，只有国王和高僧才能吃得上；用的呢，是大象拉的车。能享受这种待遇的，整个那烂陀寺都不超过十个人呢！

僧人乙：吃的用的特别一点也就算了，为什么寺里的住持都一百多岁了，还亲自为他讲学15个月呢？这么重视一个外国僧人啊，哼，我不服！

僧人丙：不服，你也跑一趟大唐呗，说不定大唐也像印度对待玄奘大师一样对待你呢！

外来的和尚会讲经

在印度，相信佛教的人很多，人一多，意见也多了。有的人认为，要修炼成佛，只有靠自己苦修，成天拜佛是没有用的。这一派被称为小乘。有的人认为，除了自己要修炼成佛外，还要帮助众人成佛，多多雕塑佛像，让世人也了解佛教。这一派被称为大乘。

这些派别争论不休，都认为自己代表最正宗的佛教。

有一次，戒日王为大乘佛教建造了一座高大的铜塔，小乘佛教的人很不高兴，认为戒日王瞧不起他们，提出要开一场辩论大会，与大乘佛教的人一较高低。

戒日王同意了，写信给那烂陀寺的住持，要他们派人来讲经。住持选出了四人迎战，却还是没有胜算。这时，玄奘大师站出来毛遂自荐说："让我参加吧。一来，我是一个外国人，是个留学生，就算是失败了，也不会给大家丢脸；二来，我相信自己不会失败的。"

公元642年，玄奘来到了戒日帝国的都城曲女城，受到了戒日王的亲自接见。双方进行了积极的互动和会谈。

戒日王听说过大唐，问道："听说你们的天子叫秦王，少年时就见识非凡，长大后英明神武，恩泽遍布海内外，四方仰慕称臣。这些都是真的吗？"

玄奘回答说："我们的皇帝在继位之前称为秦王，现在已经登基继位，称为天子。"

两人一见如故。那一年,戒日王为玄奘举行了一次规模盛大的辩论大会,一下子请来了20个国王,3000多名高僧,还有其他宗教的高人2000多名。

这些人个个博学多才,能言善辩,听说找了个外国人来给大家讲佛经,很不服气,想让玄奘在台上出丑。

玄奘却胸有成竹地说:"如果有人发现我讲的,有一个字不对,可以当场斩下我的头。"

大会开始那一天,人们骑着大象,坐着马车赶来参加。曲女城方圆几十里,人满满当当,川流不息,像过节似的,热闹非凡。

起初,人们不断向他提问,想推翻他的观点,但都被一一驳倒。之后,一连十八天,再也没有人提出任何问题。

大会结束后,所有的人都对他心服口服。戒日王令人牵出一头盛装的大象,请玄奘登上象背,绕城一周,接受全城人们的庆贺。之后,又安排船只和车辆,护送玄奘大师回寺。

这种盛况,在印度可是从来没有过呢!

奇幻漂流

大师想回国,如何挽留

编辑老师:

  你好。我是戒日王。自曲女城大会之后,玄奘大师在我们这成了闻名天下的大学者。在他的影响下,我们和大唐也开始友好交流,多次互派使者,彼此建立了深厚的友谊。这是以前从来没有过的事情。

  可最近,大师突然跟我说,他十分想念自己的国家,想返回大唐。我再三挽留,也不见他改变心意。有什么办法可以让他留在印度吗?

戒日王

尊敬的戒日王:

  您好。印度人民对玄奘的热情,我相信他和我一样都看在眼里,也记在心上。但是他此番前来,最大的目标就是把印度佛学原汁原味地带回中土,造福中国人民。

  俗话说得好,倦鸟归巢,叶落归根。离乡的人,在外边待久了,难免会思念故乡。更何况,他还有那么多重要的事情要做。

  玄奘大师是一个很有主见的人,他决定的事情,九头牛也拉不回。如果您一定要挽留他,说不定他会像当年在高昌国那样,以绝食来抗议。既然如此,我们何不尊重他,放他远去呢?

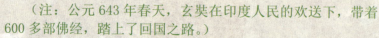

  (注:公元643年春天,玄奘在印度人民的欢送下,带着600多部佛经,踏上了回国之路。)

名人来了

特约嘉宾 戒日王（简称"戒"）

越越（简称"越"）

嘉宾简介：戒日王朝的建立者，印度最有影响力的帝王之一。他文武双全，不但会领兵打仗，还擅长写作，既是一个贤明的国王，也是一个很有才华的作家，是名副其实的"国王诗人"。

越：很久没来了，想不到印度变化这么大！

戒：哦，小记者有多久没来了？

越：上一次还是阿育王在世的时候呢！

戒：（怀疑）你见过阿育王？

越：（意识到失言）哦，没有没有。——听说阿育王死后，你们这里又乱糟糟的了？

戒：唉，阿育王死后，我们这里一直四分五裂，一些外族乘虚而入，建立了很多个国家。

越：都有哪些国家呢？

戒：最有名的是大月氏（zhī）建立的贵霜帝国……

越：大月氏？是被匈奴人打得两次搬家的那个游牧民族吗？

戒：应该是。你们也和大月氏打过交道？

越：嗯，大月氏以前住在我国西北部，是匈奴的老对头。汉武帝曾经想联合他们共同夹击匈奴，派张骞出使西域，这才有了丝绸之路。

戒：那你们联合成功了吗？

越：没有。大月氏那时已经迁到大夏，离我们太远，拒绝了这个建议。——也有可能是被匈奴打怂了吧。

戒：他们怂吗？我可不觉得！他们建立的贵霜帝国最强大的时候，恒河中游地区都归他们统治呢。

越：哦，他们这么威风啊？

戒：威风又如何？最后还不是被笈（jī）多王朝取代了？不过笈多王朝也只持续了二百多年，后来又分裂成许多小国，坦尼沙只是其中一个。

越：……哦，原来印度乱了这么多年。

名人来了

戒：可不，若不是我们戒日统一了北印度，此地恐怕到现在还是一片混乱。

越：那是那是，若真是如此，玄奘大师估计来了就回不去了！——冒昧地问一句，您是一名佛教徒吗？

戒：不是啊，我是一名婆罗门教徒。

越：（惊讶）啊，那您为何对玄奘大师如此尊崇？

戒：本地宗教众多，如果都一一反对，我这个国王宝座还坐得稳吗？

越：原来如此。

戒：小记者从东土大唐而来，不知大师近况如何？

越：多谢国王关心。大师最近写了一本《大唐西域记》，介绍你们的文化呢。

戒：大师是个人才啊，可惜他不肯留在印度。

越：大师是第一个来印度的中国人吗？

戒：当然不是，但能获得我们如此礼遇的，他是第一个，也是目前唯一一个。

越：（一脸羡慕状）为什么我就没能享受这样的待遇啊？

戒：（笑）你俩一个"小"记者，一个"大"师，能一样吗？

越：瞎说什么大实话，我就不能做做梦吗？

戒：（敲敲越越的脑袋）我看是印度天气太热，把你的脑袋烧糊涂了吧？要不要去我们的圣河——恒河洗个澡，清醒一下？

越：为何一定要去恒河呀？

戒：这恒河的水呀，不仅可以清除我们的罪恶，还能够洁净我们的灵魂呢。

越：呀，那不是比神仙水还牛？

戒：还有更牛的呢，要是谁在恒河自溺身亡，下辈子轮回，会过得更好！

越：好端端地自溺干吗？现在你们的邻居阿拉伯人那么厉害，万一攻进来怎么办？

戒：怕什么！死了之后，还有轮回，下一世重新来过呗。

越：……

（注：不久，戒日王自溺身亡，北印度又乱成了一锅粥。）

广告贴吧

出城迎接大唐使者

今有大唐天子派使者出使我国，这是从来没有过的先例。为表示我们对大唐的重视，现决定出城迎接大唐使者，请相关人士做好迎接工作。

戒日王

《龙喜记》即将开演

戒日王的新作品《龙喜记》即将开演！这是继《钟情记》《珠璎记》外，国王的又一佳作。如果你是国王的粉丝，一定不要错过哦！

曲女城大剧院

大会声明

为保证本次大会的顺利进行，由戒日王负责一切开销，大家尽管吃好喝好，但有一条，不得使用任何恐怖手段破坏大会，不得动手，不得辱骂，只许严格按照大会规则应答。违者严办！

大会承办方　那烂陀寺

智者为王第①关

1. 法兰克人是现今哪个国家的祖先之一？
2. 法兰克王国的第一个国王是谁？
3. 西罗马灭亡后，是谁接管了西罗马帝国？
4. 谁是第一个信奉基督教的日耳曼国王？
5. 是什么人给欧洲的黑暗时期带来了一丝光明？
6. 欧洲有史以来第一部巨大的、包罗万象的、最为完备的法典是什么？
7. 第6题说到的法典是用什么文字写成的？
8. 在赛车场惨案中，是哪两个队发生了冲突？
9. 以前罗马人买丝绸，必须从什么人手里才能买到？
10. 戒日帝国的首都在哪里？
11. 在西行途中，哪一个国王派人护送玄奘西行？
12. 印度的佛教文化中心是哪里？
13. 戒日王在位时，中国的皇帝是谁？
14. 喜欢塑雕像的，是佛教哪个派别？
15. 玄奘回国后，写了一本什么书？

智者无敌　王者为大

第4期

【公元6世纪—644年】

阿拉伯的新生

穿越必读

基督教、佛教和伊斯兰教并称为世界三大宗教。其中,伊斯兰教是最年轻的一个。跟所有宗教一样,它也寄托着人们对于美好生活的希望。它的出现,给阿拉伯世界带来了光明。

"鹬蚌"相争,"渔翁"得利
——来自阿拉伯半岛的特别快讯

（本报讯）前面我们讲到,东罗马和波斯,为了中国的丝绸,打了几百年的架。

打就打吧,可打架的地方,偏偏在欧亚两洲的交通要道上。他们一开打,做买卖的人遭了殃,只好绕道走。这一绕,就绕到了南边的阿拉伯半岛。

阿拉伯半岛大部分都是沙漠,放眼望去,不是沙子就是石头。除了整天自个儿打自个儿,基本上没人欺负他们。为啥?原因很简单,又穷又乱,没人看得上。

可做买卖的人一来,这里就突然变热闹、变繁华了。来来往往的商队,从世界各地赶来,带来了各种各样的商品,看得人眼花缭乱。

其中,最大的商队光骆驼就有1500多头,再加上搬运工、饲养工,那场面真是壮观极了。有这么一条商道,阿拉伯人会过上幸福、美满的生活吗?

请继续关注本报接下来的报道。

来自阿拉伯半岛的特别快讯

世界风云

麦加出了个穆罕默德

在这条商路的中间,有一座城市,叫麦加。城里有一口井,商人们疲了累了,总要停下来在这里喝喝水,歇歇脚。日子久了,麦加就成了阿拉伯最繁华的地方。

城里住着一个赶骆驼的人,叫穆罕默德。穆罕默德的父亲在他出生前就死了,六岁的时候,他的母亲也死了,他的伯父见他孤苦无依,便收养了他。

伯父经营着一支商队,常常去外面做生意。穆罕默德十几岁就随着商队满世界转悠,增长了很多见识。因为他为人诚实,办事公道,跟他打过交道的人,都对他赞不绝口。

世界风云

　　而这时的阿拉伯人，信奉各种各样的神。什么太阳啊、月亮啊、鸟啊、石头啊，在他们眼里，全都是神。人们一出门，就会"遇到"一大片神，磕起头来没完没了。

　　穆罕默德是个喜欢思考的人，没事就钻到山洞里思考、祈祷，常常一待就是好几天。

　　公元610年的一天，穆罕默德从山洞里出来后，告诉大家，安拉派天使授命他为安拉的使者，教导大家信奉伊斯兰（意思是顺从、安宁）教。

　　于是，伊斯兰教就这么诞生了。而信奉伊斯兰教的人，则被称作穆斯林（意思是顺从真主和服从先知的人）。

世界风云

以少胜多，阿拉伯的统一

穆罕默德创建伊斯兰教后，贵族们由于利益受到损害，千方百计地对其进行阻挠。

为了更好地传播伊斯兰教，公元622年的一天，在夜色的掩护下，穆罕默德带着穆斯林们，悄悄地离开了麦加。

他们走了三百多公里，来到一个叫麦地那的地方，建立了一个属于穆斯林的国家。为了保护自己，他们还创建了一支三百人的军队。

还别说，就是靠着这么一小撮人马，穆斯林们打败了一支麦加人的商队，获得了第一次军事胜利。

有本事你过来呀！

麦加的贵族气得要命，几年后又纠集了一支一万多人的队伍，前来攻打麦地那。

这时，麦地那的军队已经有三千多人，但面对这一万人的

世界风云

> 有本事你过来呀！

庞大队伍，明显还是不够。

怎么办？穆斯林们在麦地那的四周挖了一条壕沟，足足有二十多里长，又宽又深。

麦加人骑着骆驼，过不了壕沟，气得破口大骂。可不管他们怎么骂，穆斯林就是不出城。

双方对峙二十多天后，都不知如何是好。就在这时，一件更奇怪的事情发生了——

一天夜里，麦加人睡得正香，突然不知从哪刮起一阵狂风，把他们的帐篷全都吹上了天空。麦加人追的追，喊的喊，瞬间乱成了一锅粥。

这可真是天助我们啊！穆斯林们心中一阵狂喜，立刻抄起家伙，杀了过去，再一次把麦加人杀得屁滚尿流。

阿拉伯人听到这个消息，都惊呆了——接连两次都以少胜多，穆斯林也太厉害了！

公元630年，穆罕默德亲自率军攻向麦加。这一次，麦加人几乎没作任何抵抗。他们乖乖地打开城门，将穆罕默德的大军迎进了城。麦加就这样轻而易举地被征服了。随后，周围的各个部落，也纷纷表示愿意跟随穆罕默德。

四分五裂的阿拉伯，终于得以统一。

走，一起抢面包去

穆罕默德死后，阿拉伯变得又强又大，很多部落首领见没了老大，嚷嚷着要走人。

这时，他的继任者哈里发（意思是先知的继承者）对大家表示，只要大伙儿还愿意跟他干，他就带大家去外面，抢椰枣，抢面包，想抢啥就抢啥！

阿拉伯人一听，马上来了精神，立即骑上骆驼，挥着弯刀，兴冲冲地往外跑。

首先要打的，是家门口站着的俩路霸——东罗马和波斯。两个邻居为了做生意，打了几百次，现在还在打。

当他们听到阿拉伯人打过来时，都哈哈大笑。东罗马人说："一群强盗而已，有什么好怕的？"

波斯人说："他们成天自己打自己，一点都不团结，怎么可能打得过我们呢？"

但很快，他们就笑不出来了。

阿拉伯人不但占领了东罗马最富裕的省份——叙利亚，还顺走了东罗马的另一个地盘——耶路撒冷。耶路撒冷也成了伊斯兰教的一个朝拜圣地。

也就是说，现在，耶路撒冷既是基督教和犹太教的圣地，也是伊斯兰教的圣地。三种不同的教徒，涌入同一个圣地，会发生什么样的事情呢？本报将继续关注报道。

世界风云

千年古国被"蛮族人"打败了

打败了东罗马,阿拉伯人尝到了甜头,又瞄准了波斯。

一开始,阿拉伯人并不是波斯人的对手。因为波斯人一上场,就派出了撒手锏——战象。阿拉伯人从来没见过这种长鼻子怪兽,吓得哭的哭,喊的喊,逃的逃,那场面真是惨不忍睹。

波斯统领坐在一头战象的宝座上,看到这个场景,乐开了花。

后来,有人告诉阿拉伯人,大象身上最脆弱的地方是眼睛和鼻子。阿拉伯人于是跳下战马,刺瞎大象的眼睛,砍掉大象的鼻子。可怜的大象受了惊,时而冲向波斯人,时而冲向阿拉伯人,最后跳进河里游走了。

诡异的是,到了晚上,不知从哪刮起一阵暴风,把波斯统帅从高高

世界风云

的宝座上吹了下来,掉进河中,被阿拉伯人发现,处死了。

得到这个消息,波斯人无心再战,纷纷逃跑。波斯的皇帝更是个贪生怕死的家伙,还没见到阿拉伯人的影儿呢,就脚底抹油,带着一大堆珠宝和官员们溜了。因为跑得太急,皇太后和官员的妻子几乎一个都没来得及带走。

皇帝跑了,官员跑了,没多久,波斯的首都就被阿拉伯人攻破了。

一出门就只看见沙子、石头的阿拉伯人,看到波斯那些宽敞的房子、优美的拱门、豪华的装饰,就像乡下人第一次进城,看啥都稀奇,还闹出了很多笑话。比如,有人把樟脑当作食盐,还有人拿金灿灿的黄金去换别人白花花的银子。

有一个阿拉伯士兵,分到一位波斯贵族女人作为战利品。那女人给了他一千枚第尔汗(货币),就给自己赎了身。

有人问他:"你为什么不多要一些?"

他说:"唉,我从来没有想过还有比一千更大的数目。"

当然,更多的波斯女人,包括公主,就像拴蚂蚱一样,被绑在一根绳上,送去奴隶市场。据说,一头驴就可以换走一个贵族女孩。唉!

(注:公元651年,波斯皇帝在逃亡过程中,遇到一个贪财的人,被杀死在一个磨坊里。一个存在过上千年的古老国度就这样悲惨地结束了,唉!)

是前进还是撤退呢

编辑老师：

　　你好。我是阿拉伯西路大军的统帅阿穆尔。这一次我们兵分两路，攻打东罗马和波斯。我负责的攻击目标是东罗马帝国的粮仓——埃及。我们早就想得到这个地方了。

　　可就在我快要进入埃及时，哈里发却派人给我送了封信，让我撤兵。我记得哈里发曾对我说过："如果还没有进入埃及，叫你撤回来，你就撤回来；如果已经进入埃及境内，就继续前进吧！"

　　所以，我当作没有收到这封信，直到进入埃及，才拆开来看。你说，哈里发会不会因此责怪我呢？

阿穆尔

阿穆尔将军：

　　您好。早就听说您能征善战，足智多谋，果然名不虚传。

　　我们中国有句古话："将在外，君命有所不受。"意思是说，将军在外打仗，在某些情况下，皇帝的命令也可以不听。因为皇帝不了解出征的情况，若盲目地听从他的命令，就有可能让无数将士身死沙场。

　　所以，您这个做法是相当明智的。以您的才干，一定可以拿下埃及。当哈里发看到埃及精美壮观的宫殿和教堂，巍然屹立的灯塔，以及蜚声世界的恺撒庙、方尖碑，他又怎么会责怪您呢？

（注：公元 642 年，阿拉伯人一举攻下世界上最美丽的城市亚历山大城，成了整个埃及的主人。）

自由广场

三个选择

某突尼斯人

你们听说了吗？那些被阿拉伯征服的人，还带着腰鼓队和歌唱队，出城欢迎他们！这么欢迎入侵者，太不可思议了！

东罗马和波斯人除了打仗，就只知道欺负我们，压迫我们。新来的阿拉伯人比这些霸王亲切多了，公正有序，谁让我们过好日子，我们就欢迎谁！

某叙利亚人

某埃及人

有的应该是没办法吧？听说有人拿着宝剑，跟你说，要么信我们的教，要么去死。大多数人还是会选择先保命吧？

还有第三个选择啊！可以选择投降，多缴点税！而且这个税比波斯和拜占庭的税轻多了。这个选择不也挺好吗？

某宝石匠

某利比亚人

当穆斯林可以呀，可以免税。说不定以后还有机会当兵，这可是阿拉伯最高的待遇。到哪找这么好的事啊？

名人来了

特约嘉宾
欧麦尔
（简称"欧"）

越越
（简称"越"）

> 嘉宾简介：阿拉伯帝国第二任哈里发，帝国真正的奠基人，拥有钢铁一般的意志。帝国对外扩张的十年，也是他一生最辉煌的十年。在他的带领下，阿拉伯形成了一个真正的帝国。

越：尊敬的哈里发，您好。请问您为何要发动一场这么大的战争呢？同时对付波斯和东罗马，这可是一般人想都不敢想的事。

欧：小记者有所不知，阿拉伯看似统一，各部落之间却还有很多矛盾，如果放任不管，他们就会在本土打起来，到时，整个阿拉伯就会遭殃了啊！

越：所以，与其自己打自己，不如联合起来打别人去？

欧：当然，最主要的还是想让更多的人知道伊斯兰教。

越：难道不是因为太穷，想到别人那里抢点土地和粮食吗？

欧：也有这个原因。打了胜仗，将士就可以得到很多的战利品，谁不愿意打啊？！

越：很多？有多少呢？

欧：大概有五分之四吧。

越：啊，这么多？怪不得将士们打起仗来这么发狠！

欧：那是自然。如果将士们吃不上饭，穿不起衣，谁会为你拼命？

越：那现在你们占领了东罗马和波斯的很多地方，基本上都归顺你们了吧？

欧：大部分吧。不过波斯那边比较棘手，反对的人很多。

越：波斯比你们更古老更先进，现在被你们统治，不服气也正常。

欧：嗯，他们把我们看作蛮族，要征服他们，可能要花比较长的时间。

越：征服？我倒是觉得你们应该先向他们学习。

欧：边征服，边学习，两边都要抓。我们也愿意向他们

名人来了

学习，就像当初古罗马和古希腊一样，希望大家多支持。

越：您可真谦虚。现在阿拉伯威名远扬，这可都是您的功劳！

欧：千万别这么说，阿拉伯能有今天的成就，全都是将士们的功劳。

越：那还是因为您会用人。——听说您还任用奴隶当官？

欧：恩，只要有才华，会打仗，奴隶我照用不误！

越：既然一个奴隶您都这么看重，那为何又把哈立德将军撤职了呢？他帮您打下了叙利亚，为阿拉伯立下了汗马功劳，应该是您手下最优秀的将领了吧？

欧：正因为如此，他才更应该以身作则！我天天跟大家说，不要铺张，不要浪费！连我自己都是穿打补丁的旧衣服！他倒好，一次给一个诗人赏了一万金币！

越：天，这么多，这一万金币可以让很多家庭过上好日子了！

欧：所以，这样做，不要说他，就算是我亲生儿子，我照样严惩不贷！

越：哈里发英明。怪不得阿拉伯能冲出半岛，走向世界！

欧：过奖，过奖。我还是那句话，真正厉害的是我们的士兵。——小记者，你要不要考虑来我们阿拉伯当个兵？在我们阿拉伯，士兵是最高贵、最光荣的职业，待遇高得很呢！

越：算了，我这细胳膊细腿的，不是这块料。再说了，你们军队不是不招非穆斯林吗？

欧：噢，我差点忘了。你还不够格。

越：（尴尬）好了，今天的采访到此结束，谢谢哈里发。

55

广告贴吧

关于实行伊斯兰教历的通知

为纪念公元 622 年穆圣由麦加迁徙到麦地那，现决定把该年定为伊斯兰教的第一年，并将该年作为阿拉伯太阴历的岁首。

欧麦尔

新地区须建清真寺

哈里发有令，从今以后，哪里有穆斯林，哪里就要建清真寺。凡开拓一个新地区，第一件事就是要在该地兴建清真寺，作为穆斯林的活动中心。这是我们每一个穆斯林须尽的义务。

阿拉伯帝国

要搬家，找一路通

不久，所有未加入伊斯兰教的犹太人都要迁到叙利亚去了。如果你们东西太多，搬不动，就请来找我们公司吧。不管路途多远、行李多重，我们都能保证你们平安到达。

为你加油搬家公司

第 5 期

【公元 644 年—750 年】

伟大的帝国

穿越必读

在一代又一代哈里发的领导下，阿拉伯人像猛兽一样，冲向亚、非、欧三大洲，在短短一百年的时间里，建立起了一个可以与中国唐朝相匹敌的阿拉伯大帝国。

顺风快讯

欧麦尔遇刺身亡
——来自麦地那的加密快讯

> 来自麦地那的加密快讯

（本报讯）公元644年，正当阿拉伯前线不断传来捷报的时候，麦地那传来一个噩耗——尊敬的哈里发欧麦尔遇刺身亡了！

那天早上，欧麦尔和往常一样，早早起床，去清真寺带领大家做礼拜。大家都全神贯注，没有任何戒备和防范。

就在这时，有人突然从后面蹿出来，向欧麦尔连刺数刀，之后又一连刺了好几个人。事后，这名刺客被抓，发现自己逃不了了，自杀身亡。

经调查，刺客是一名波斯奴隶。这些年来，很多非阿拉伯人加入了穆斯林，但也有很多人"身在曹营心在汉"。尤其是波斯人，对穆斯林恨之入骨。

欧麦尔却认为一定是自己犯了什么错，才有人行刺他。

人们告诉他："你没有什么过错，失去你，人们像失去自己的亲人一样痛苦。"

三天后，这位伟大的哈里发去世了，享年59岁。

奥斯曼也被杀了

据说欧麦尔临死前，有人提议让他的儿子当继承人，欧麦尔一口拒绝了。他成立了一个哈里发推选委员会，指定了六名德高望重的人，让大家从中挑选一个。

大家讨论来讨论去，最后一致推举奥斯曼为新的哈里发。奥斯曼来自倭马亚家族，在信徒中的威望很高。

不过，奥斯曼当选时，已经快七十岁了。也许是年纪大了，耳根子软，几年的工夫，他的亲戚们就一个个都当上了大官。穆斯林们对此很不满意。

公元656年6月，一支穆斯林军队包围了奥斯曼的家。

奥斯曼身边没有护卫，一看到这阵势就怕了，说："你们这是干什么，有话咱不能好好商量吗？"

"那行，把你亲戚们的官职都给撤了。"

"对不起，我要考虑一下。"

这些当兵的看出奥斯曼是想拖延时间，等待援兵，于是喊道："那您就自己辞去哈里发的职务吧！"

"你们疯了吗，我是哈里发，你们让我自己辞职？"

说罢，奥斯曼就关上了谈判的大门。

没多久，这支军队就破门而入，把奥斯曼杀了。

一代哈里发，就这样破天荒地死在了自己人的手里。

世界风云

阿里遇刺

奥斯曼死后,他的侄子——叙利亚总督穆阿维叶非常愤怒。前不久,他在大马士革公开展示了奥斯曼被害时的血衣,并表示,如果新任哈里发阿里不交出凶手,就没有资格继续担任哈里发!

——难道说,阿里就是这起事件的幕后黑手吗?

大家都知道,阿里是穆罕默德的堂弟。因为家庭贫困,从小被穆罕默德收为养子。他聪明好学,文武双全,曾冒着生命危险保护先知,屡建奇功,在穆斯林中很有号召力。

把凶手交出来!

穆罕默德死后,因为没有留下遗嘱,也没有指定继承人,穆斯林分成了两派。一派认为,阿里和阿里的后代才是合法的继承人,这派人被称为什叶派;另一派却主张,继承人要根据资格和威望来选,他们被称为逊尼派。

由于逊尼派人数较多,一连换了三届,都没有轮到阿里,什叶派难免愤愤不平。

这么一分析,阿里确实有这个嫌疑。

世界风云

不过，对于大家的质疑，阿里没有正面回应，也没有答应穆阿维叶的要求。

随后，穆阿维叶便以"为奥斯曼复仇"为理由，向阿里举兵发难。双方率领各自的军队在一片平原上展开一场激战。

阿里的军队英勇善战，眼看就要大获全胜。关键时刻，穆阿维叶要求停止战争，坐下来议和。

是打还是和呢？阿里的队伍分成两派，一派主战，一派主和。大多数人不想打仗，包括阿里自己，于是双方和谈。和谈结果是阿里和穆阿维叶都被免掉了职务，阿里不再担任哈里发。

"主战派"大失所望，带着一万多人从阿里的阵营出走，另成一派。从此，阿里这一支一蹶不振。

不久，穆阿维叶和阿里双双遭人刺杀。穆阿维叶比较幸运，只是被刺伤了屁股。阿里就没那么走运了，受伤后一病不起，不治身亡。

阿里死后，穆阿维叶乘机夺取了哈里发的权位，创建了阿拉伯有史以来的第一个王朝（史称倭马亚王朝）。

大家把选票都投给我儿子哦！

自由广场

谁才是合法的继承人

奴隶甲

你们知道吗？穆阿维叶死后，要把哈里发传给他的儿子。按照传统，哈里发是选举产生的。如果穆斯林不满他的统治，可以推翻他，由别的人取而代之。穆阿维叶家的人却想世世代代霸占这个位置，这也太过分了吧！

可不是。我们人微言轻，不敢反对，但最近，阿里的小儿子侯赛因站出来了，他不承认这位新哈里发。这要按世袭，他才是最正宗的继承者。他要想夺回哈里发宝座，我绝对支持！

奴隶乙

奴隶丙

别提了！听说侯赛因带着两百多名护卫前往麦加，被一支军队杀死了！什叶派发誓要给他报仇，还说以后继承人只认阿里以及阿里的后代，连之前选出来的三大哈里发都不认！

笑话！这四大哈里发可是大家选出来的，他们说不认就不认？我们还不认他们了呢！

奴隶丁

（注：从此，什叶派和逊尼派彻底分裂，再也没有走到一起，直到现在。）

世界风云

征服西班牙

虽然阿拉伯内部乱哄哄的，但他们对外征服的脚步，却从来没有停止。

他们挥舞着弯刀，一路侵入中亚，一直打到中国附近；一路攻入印度，征服了印度西北部大大小小的邦国；还有一路，在名将穆萨的统领下，征服了北非海岸。

北非海岸的对面是西班牙。这时的西班牙，受西哥特王国的统治。还记得西哥特王国吗？当年，西哥特人把罗马人打得哇哇大叫，现在，他们的贵族却为了争夺王位，斗得你死我活，乌烟瘴气，军队更是不堪一击。

公元711年，穆萨派手下塔里克率领一支精兵在西班牙海岸登陆。（注：为了纪念这次胜利，人们将那道海峡称为"直布尔·塔里克海峡"，也就是直布罗陀海峡。）

塔里克原是一个奴隶，却英勇善战。在他的带领下，这支七千人的军队，把十万西班牙军队打得稀里哗啦。不到半年工夫，半个西班牙就落到了他的手中。

照理说，立下这么大的功劳，塔里克应该受到嘉奖。可惜，穆萨心胸狭窄，认为塔里克抢了他的风头，不但没有奖励，还以不听上级命令为由，把塔里克狠狠地鞭打了一顿。

之后，穆萨带着军队喜气洋洋地回国报喜。大家一个个珠光宝气，衣着华丽，身后跟着一长串的仆人和奴隶，以及多得数不

世界风云

清的战利品。

哈里发非常高兴。要知道，几千个西方人同时向哈里发表示臣服，这可是开天辟地头一遭呢！

穆萨给哈里发献上了许多战利品。其中有一张桌子，是一件举世无双的艺术珍宝，只可惜，少了一条桌子腿儿。

这时，塔里克却像变戏法一样，把那条桌子腿儿拿了出来。

原来，这张桌子是塔里克获得的战利品。他不甘心被穆萨领功，就把这条桌子腿儿悄悄地藏了起来。

不久，就像穆萨惩罚塔里克一样，哈里发也以同样的理由，惩罚了穆萨，剥夺了他所有的财产和权力。最后，这位征服北非和西班牙的老将，在一个偏僻的山村里，了却了残生。

而这时，阿拉伯已经成为继波斯帝国、亚历山大帝国、罗马帝国、东罗马帝国之后，又一个地跨亚、非、欧三洲的超级大帝国。

世界风云

东罗马的救星

东罗马的首都君士坦丁堡，是亚洲通往欧洲的一个重要通道。阿拉伯人每年夏天都会去攻打一次，但每一次都是无功而返。

据说，在阿拉伯流传着这样一个说法，说是将来有一个与先知同名的哈里发，会大举进攻君士坦丁堡。

公元717年，有个叫苏莱曼的哈里发，正好与一位先知同名，他心想："我不就是那个传说中的哈里发吗？"于是命人率领二十万大军，向君士坦丁堡发起前所未有的猛攻。

东罗马顿时乱成一团。一个叫利奥（史称利奥三世）的叙利亚军人趁机把皇帝赶下台，夺取了皇帝的宝座。

此时的君士坦丁堡被围了个水泄不通。换成别的皇帝，可能腿都吓软了。但利奥三世打了一辈子仗，怎么会怕呢？而且他很有信心打败阿拉伯人，因为他的手里有一个秘密武器。

据了解，这个武器叫希腊火。不过，它既不是希腊

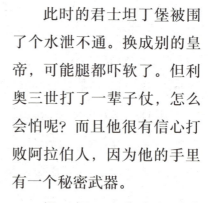

人发明的,也不是在希腊生产的,而是一个叙利亚工匠的杰作。

这种火跟一般的火不一样,碰到水,不但不会灭掉,反而会熊熊燃烧。运载这种火的战船体积小,运转灵活,很容易就能把这种火喷向对方。

最邪门的是,如果不幸沾上这种火,用水怎么也扑不灭,杀伤力特别大。只要一见到这种火,敌人就像老鼠见到猫,逃得远远的。阿拉伯就吃过好几次这样的亏。

这次也不例外。希腊火一出,穆斯林军队便一败涂地。再加上瘟疫横行,饥寒交迫,阿拉伯人只好灰溜溜地撤了军。

惨的是,在撤军途中,他们又遭遇了一阵暴风雨。最后,一千八百艘战舰,几乎全军覆没,只有五艘平安回到阿拉伯。

而东罗马的利奥三世呢,此时正因为拯救了东罗马,获得了"东罗马的救星"的殊荣,正在欢天喜地地庆祝呢!

不过,在很多人看来,东罗马的真正救星其实是希腊火。遗憾的是,由于东罗马将希腊火看得跟稀世珍宝似的,对希腊火的制造方法一直十分保密,日子久了,就连自己人也不知道如何制造希腊火了。

奇幻漂流

拿起你们的武器，战斗吧

编辑老师：

　　你好。我是一个具有波斯血统的奴隶。在阿拉伯，像我这样的奴隶数不胜数。每一个亲王都配有1000个以上的奴隶，就连每个士兵都有1到10个奴隶。

　　但他们根本就不把我们当人看，把我们像货物一样买来卖去。如果奴隶主看上了某个女奴，根本不用结婚，就可以霸占她。而不论孩子的父亲是谁，女奴的孩子仍然是奴隶！

　　这样的生活，我实在是受够了。所以，我想发动大家一起来反抗这种不公平的待遇，你觉得行得通吗？

一个微不足道的奴隶　阿布·穆斯林

尊敬的阿布·穆斯林：

　　您好。据我所知，如今的阿拉伯，奴隶处在社会的最底层。奴隶做的是最脏最累的活，过的是猪狗不如的日子。

　　俗话说得好，"哪里有压迫，哪里就有反抗"，勇敢地拿起武器吧，追逐自由平等是所有人的天性！

　　不过，现在不光你们想造反，有些贵族也想造反。如果你们胜利了，一定要保护好自己的胜利果实，别让贵族们抢了去啊！

（注：747年，阿布·穆斯林带领60多个村庄揭竿而起。750年，一个叫阿拔斯的贵族窃取起义的胜利果实，率军推翻了倭马亚王朝，之后被拥戴为哈里发，建立了阿拔斯王朝。）

名人来了

特约嘉宾
穆阿维叶
（简称"穆"）

越越
（简称"越"）

> 嘉宾简介：倭马亚王朝的第一位哈里发，既是一位优秀的军事家，也是一位大外交家。他狡猾而又智慧，宽容而又残暴，擅长用和平的方式解决问题，堪称阿拉伯世界的一代枭雄。

越：尊敬的哈里发，您好。我记得以前哈里发身边都没有侍卫的，怎么您的身后有这么多侍卫呢？

穆：以前是以前，现在没有侍卫能行吗？你看看，前几位哈里发是什么下场？要是我身边再不多搁几个侍卫，这小命估计也保不住了！

越：哦，原来如此，我还以为您是讲派头呢！

穆：派头也是要有的。要是没有几分威风，怎么镇得住那些外族人呢？！

越：光有几分威风，恐怕外族人不会买账吧？

穆：当然不能，还要有鞭子和舌头。

越：鞭子和舌头？什么意思？

穆：就是，能用鞭子的地方，就不要用宝剑；能用舌头的地方，就不要用鞭子。

越：我懂了，就是尽量先礼后兵呗。那您在什么情况下使用鞭子，什么情况下使用舌头呢？

穆：对付强大的人，舌头是不管用的，只有足够的实力，才能威慑对方。

越：比如说阿里？

穆：（避而不谈）对付弱小的人嘛，就不用浪费那么多兵力了，能一两句话解决的，就不要动刀动枪。

越：比如阿里的儿子哈桑？听说您的王位就是从他手中抢来的。

穆：抢？小记者不要乱说话，王位可是他让给我的。

越：谁会好端端地把王位让出去？该不会是您逼他

名人来了

的吧？

穆：其实我什么都没做，就是给他写了封信，说只要他愿意退位，我可以实现他的一切愿望。

越：那如果他不愿意，您是不是又要开打了呢？

穆：所以说，这哈桑也是聪明人。他对我只提了两个要求，就答应退位了。

越：什么要求？

穆：第一，不要诽谤他爹；第二，保证他的人身安全和财产安全。

越：这是最起码的，那您做到了吗？

穆：我这只是一种策略，他要信了我，那是他愚蠢。我的目的达到就行，做不做得到，再说，再说。

越：呃，您可真行！

穆：你说什么？！

越：咳咳，我说您真厉害！不过，您对自己人这么厉害，为什么却给拜占庭送钱呢？

穆：你不懂，这攘外必须先安内啊。现在我刚当上哈里发，那么多反对派，

不对付不行。等我把国内安定好了，再对付拜占庭也不晚。

越：恐怕没有这么容易吧？

穆：当然没那么容易啦，他们的希腊火相当厉害的。要不是它，我在655年就拿下拜占庭了！

越：当时您的海军刚刚成立，这又是阿拉伯的第一支海军，就算没拿下拜占庭，就凭这个，也已经很了不起了。

穆：过奖过奖啦！好啦，我要去朝拜了，你一起去吗？

越：呃，我如果不去的话，您不会要用鞭子了吧？

穆：哈哈，不至于不至于。远来是客，走吧走吧！

统一使用铜币

为保障商业更加稳定和繁荣，现决定发行铜币，铜币上印有哈里发挥舞宝剑的形象，并且刻有《古兰经》经文，希望大家铭记于心，不要搞错了。

倭马亚王朝

设立麻风病疗养院

为提高医疗卫生条件，防止麻风病传染，特成立麻风病疗养院，由专人给病人予以治疗。

哈里发　韦立德

欢迎上诉

为维护百姓的合法利益，使其不受侵犯，今后，如有百姓觉得法院判决不公，可以直接到平反院上诉。平反院的首席法官将由德高望重的学者担任，若有必要，哈里发本人将亲自担任该职。

平反院

沙龙邀请函

尊敬的女士们、先生们：

美丽、风雅的赛依达小姐（侯赛因的女儿）将在她的公馆中举办一场豪华的诗歌沙龙，现诚挚地邀请各位诗人莅临。相信您将在此度过难忘的一天。

赛依达沙龙筹备小组

第 6 期

【公元 687 年—768 年】

宫相当国王

穿越必读

当阿拉伯兴起的时候，法兰克正处在"懒王"时期，真正的权力掌握在宫相手中。为了达到各自的目的，法兰克与教皇越走越近，最后走出了对欧洲历史影响极其深远的一步……

顺风快讯

站在国王后面的人
——来自法兰克王国的快讯

（本报讯）西班牙和法兰克王国之间有一座山，叫比利牛斯山。越过比利牛斯山，就能到达法兰克王国。征服了西班牙，不用说，阿拉伯人的下一个目标，就是法兰克王国。

自从克洛维把法兰克分给儿子后，儿子们又把领土分给孙子，这样一代传一代，法兰克如同一块大蛋糕，被切成了三大块。

> 来自法兰克王国的快讯

别看克洛维雄才大略，他的子孙们却不怎么样，一个个不是沉迷酒色，就是懒洋洋地坐在牛车上，到处闲逛。

宫相原本只是王室总管，负责管理宫廷财务，后来权力越来越大，成了各地贵族的首领，不但能任免官员和封赏土地，甚至还能指挥军队。国王唯一的作用就是端坐在宝座上，任凭宫相摆布。要是表现得好，宫相就会给他一些生活费，要是表现得不好，惹宫相不高兴了，就可能什么都没有了。

三个宫相你争我斗，最后，一个叫丕平（史称丕平二世）的宫相战胜了另两名宫相，成为法兰克王国的实际统治者。

世界风云

查理的新规矩

丕平有一个私生子,叫查理(史称查理·马特)。丕平死后,查理登上了宫相的宝座。因为出身低微,很多人看不起他,想取而代之。但查理是一个很厉害的军事家,很快平息了这些叛乱。

公元715年,为了让国家能够长治久安,查理开始对采邑进行改革。

什么是采邑呢?就是国王赏赐给贵族的土地。

日耳曼人在罗马建立了许多王国后,国王们纷纷给自己的将军们加官晋爵,即公爵、侯爵、伯爵等,同时把土地分成一块一块的,连同土地上的农民也一起打包,赏给他们。

这些公爵、侯爵、伯爵又依葫芦画瓢,把得到的这些土地,分一部分出去给自己的手下。这样,一层一层分封下去,封到骑士为止。当然,农民和农奴是享受不到这种待遇的。

这些分封土地的人,都是"领主";而接受土地的人,就是领主的"附庸"(这就是欧洲封建制度的发端)。受封人得了土地,不用向领主尽任何义务。

久而久之,王室的土地因为赏赐过多,越来越少。

更糟糕的是,连农民也一起赏了人,国家又没有常备军,一碰到打仗,就只能临时从自由农民里征调。农民不但要打仗,还要自己准备武器、马匹和粮食,压力巨大。很多农民因此破了产,只好四处逃亡。军队招不到兵,如何抵挡敌人呢?

世界风云

所以，查理立了个新规定，要求：凡是分到土地的人，必须承担一定的义务，而且要自备战马和武器。如果受封人不够忠诚，不尽义务，国王就可以随时没收他的采邑。

他还规定，受封人只能受封一次，如果受封人死了，要由国王进行重新分封仪式（后来渐渐变为世袭）。如果国王死了，受封人就必须把采邑还给新的国王，重新进行受封仪式。

进行受封仪式时，受封人跪在主人面前，把双手放在主人的手掌中间，宣誓效忠自己的主人。主人再将一捆树枝或者一把泥土送给受封人，作为封土的象征。

这个做法很有效。很快，四分五裂的法兰克就被统一了起来。

法兰克大败阿拉伯

公元732年，阿拉伯军队果然翻过比利牛斯山，来到高卢地区。他们来势汹汹，见到的人没有一个不胆战心惊的。

查理知道后，马上组织了一支英勇善战的军队。

出发前，他给前方打仗的法兰克人写了封信，让他们沉住气，别乱来，说等这些穷鬼抢够了，想回家了，我们再动手！

前方收到消息后，就乖乖地躲在城里，任阿拉伯人怎么呼喊，就是不出城。

阿拉伯人的骑兵虽然厉害，但面对高高的城墙，也毫无办法。考虑一番后，他们决定带上抢来的战利品撤退。

这一退，就在图尔平原，和查理的军队交上了火。

起初，阿拉伯人并没有把他们放在眼里，在他们看来，打败法兰克，就像割韭菜一样容易。他们挥舞着弯刀，率先发起冲锋。

不过，查理也早就计划好了。他发现，阿拉伯的骑兵既不穿铠甲，也不用弓箭。这样虽然打起仗来很灵活，防护却很差劲。所以，他把所有骑兵编入了步兵阵营，让他们站在一起，手持长矛和盾牌，组成了一个方阵。

当阿拉伯骑兵箭一般冲到方阵前时，步兵们挥起手中的长矛，狠狠地刺了出去——阿拉伯骑兵来不及收马，连人带马，撞到了长矛上，被活活刺死。

两天冲锋下来，法兰克的方阵纹丝不动，阿拉伯士兵却死伤

世界风云

无数。

到了第三天，两军正打得难舍难分，阿拉伯的大本营突然传出一声大喊："不好了！法兰克人来偷袭啦！"

阿拉伯士兵一听慌了，哎呀，这可是我们辛辛苦苦抢来的战利品，千万不能被抢了。于是，这些要钱不要命的家伙转身向自己的帐篷跑去。军中顿时大乱。法兰克军队趁机追杀上去。

阿拉伯主帅见势不妙，跑到阵前，下令不许撤退，却被法兰克军队团团包围，刺死在长矛之下。主帅一死，阿拉伯士兵斗志全无。到了晚上，他们就丢下空荡荡的帐篷，跑了。

法兰克就这样阻止了阿拉伯人的入侵，拯救了整个欧洲。

因为这次胜利，查理获得了"马特"的称号，"马特"就是"铁锤"的意思。因此，也有人称他是"铁锤查理"。

从此，穆斯林的势力再也没越过比利牛斯山。

世界风云

丕平之心，路人皆知

公元751年，法兰克传来一个消息，国王被人送进了修道院！把国王送进修道院的，是查理·马特的儿子——当朝宫相丕平（史称丕平三世）。因为他身材矮小，人们管他叫"矮子丕平"。

和祖父、父亲比起来，矮子丕平的野心更大。他认为，连国王都听自己的，自己为何不能当个真正的国王呢？

当年克洛维建国时，因为宣布基督教为国教，获得教会的支持，给治理国家带来极大的方便。矮子丕平就想："既然教会的力量这么大，我为什么不跟他们合作，获得王位呢？"

为什么不跟教会合作呢？

世界风云

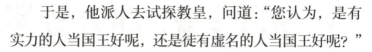

于是，他派人去试探教皇，问道："您认为，是有实力的人当国王好呢，还是徒有虚名的人当国王好呢？"

此时的教皇到处被人欺负，正想拉人做靠山，为了讨好丕平，就说："在我看来，有实力的人当国王要好些。"

矮子丕平明白了教皇的意思，转身就废掉国王，把国王送进了修道院，在教会的支持下，建立了一个新的王朝。

有些贵族不服气。矮子丕平就在一个阳光明媚的日子里，组织了一场宴会，让贵族们都来参加。

宴会上，他让人牵来一头公牛。这牛四肢强壮，看起来十分凶猛。众人正看得起劲，突然，不知从哪里蹿出一只狮子，如闪电一般，扑向公牛，死死地咬住公牛的脖子。

在场的贵族被这一幕吓得呆若木鸡。矮子丕平却若无其事地对大家说："在座的，有哪位能把它们分开吗？"

贵族们一声不吭，大家你看看我，我看看你，谁也不敢上前。

这时，矮子丕平拿上宝剑，冲上前去，一下就把公牛和狮子都刺死了。

"现在，你们认为我配做你们的主人吗？"矮子丕平傲然地问道。

贵族们无话可说，从此以后，再也不敢小看他了。

奇幻漂流

丕平献土，岂有此理

编辑老师：

　　你好。我是东罗马的皇帝。前不久，意大利被敌人入侵，罗马教皇向我寻求帮助。我跟他关系一直不好，没搭理他。谁知他居然冒着风雪，翻过阿尔卑斯山，去投靠法兰克的矮子丕平，还为那矮子戴上了王冠。那矮子为了报答他，就派兵把他的敌人揍了一顿。

　　这本来也没什么，可让我气愤的是，矮子居然把夺来的土地作为礼物送给教皇（奠定了教皇国的基础）。这些土地原本是我们东罗马帝国的，他有什么资格送人？教皇又有什么资格接受？

　　你说，我要不要让他们把那些土地还给我？

东罗马皇帝

皇帝陛下：

　　您好。您说这些土地原本是东罗马帝国的，那为何被别人侵占的时候，您却撒手不管呢？要知道，教皇第一个求救的人可是您啊！您让他寒了心，他才去抱丕平的大腿。可以说，是您亲手促成了他们的合作，又怪得了谁？

　　现在木已成舟，丕平不会为了您，把送的礼物要回来；教皇也不会为了您，把已经属于自己的土地还回去。为什么呢？因为他还从来没有过属于自己的国家和领土呢！

自由广场

教皇的书信是真的还是假的

法兰克某农民

听说几百年前,罗马皇帝君士坦丁大帝给当时的罗马教皇写过一封信,那信写的是什么,你们知道吗?

罗马某主教

我知道,我知道。信里说,大帝曾经得过可怕的麻风病,是罗马教皇帮他治好的。为表感谢,大帝便把大片的土地送给了他。

伦巴德某教士

啊,还有这事?那这信的意思是说,丕平献给教皇的那些土地,本来就是君士坦丁大帝送给教皇的,跟拜占庭没半点关系?

东罗马某平民

你这是在讲故事吧?大帝送礼给教皇,那意思是说教皇的地位比大帝还高了?太假了!而且,如果是真的,教皇以前为什么不拿出来呢?

罗马某教徒

如果是假的,那教皇还是很聪明的。一来,堵住了东罗马的嘴,明知道是假的,却又死无对证,有苦说不出。二来呢,有这个当护身符,矮子那边也没办法反悔了。哈哈,以后我们教皇也有自己的国家了!

(注:直到文艺复兴时期,大家才知道这封书信是假的。)

名人来了

特约嘉宾 丕平三世（简称"丕"）

越越（简称"越"）

> 嘉宾简介：加洛林王朝的开创者，一个不知疲倦的战士和征服者。他让法兰克在混乱的欧洲脱颖而出，并且留下了一个延续一千多年的教皇国，是世界上最有影响力的帝王之一。

越：国王陛下，您好。本来，我接到采访任务有点晕……

丕：为什么？

越：因为贵国的丕平实在太多了，我有点分不清了。为什么你们取名字，会取跟祖先一样的呢？这不是大不敬吗？

丕：怎么会呢？这是我们对祖先的一种尊敬和崇拜。

越：可是这样一来，像我这样的迷糊蛋，就容易弄混呢！

丕：这其实很简单，我们每个人都有外号，知道我们的外号就好分辨了。

越：（小声嘟囔）那我总不能叫您"矮子"吧？

丕：（没听见）我们欧洲人喜欢给人取外号。几乎每一个名人都有一个外号。比如，我的父亲叫"铁锤"。光看外号，就能知道他是一个铁腕人物。

越：说起您父亲，当年他只差一步，就可以当国王了，为什么没当呢？

丕：他可能是想把这个光荣的任务交给我吧。

越：……像中国的曹操那样？自己不称帝，把称帝的机会留给儿子？

丕：主要也是因为当国王不是那么容易的事。首先，你必须合法，这样才能得到大家的认可。但大家最认可的是血统，我们又不是王室后代，所以是行不通的。

越：那到您这，为何又行得通了呢？

丕：哈哈，若依靠血统才能当上国王，那岂不是世世代代只有国王的后代才能当

名人来了

丕：国王？但你看到，这世上有哪一个家族当国王当到底吗？

越：确实没有。

丕：所以，想当国王，并不是只有这一个办法。

越：（茫然）……还有什么办法？

丕：笨，你想想，现在最有权威的是什么？是神。你再想想，神在人间的代理者是谁？

越：啊，这个我知道，是教皇！

丕：没错。教皇有名望，我有实力，如果能让教皇支持我，为我加冕，谁还会说我的王位来路不正呢？

越：那您开了这个先河，以后会不会所有人当国王，都必须先得到教皇的认同呢？

丕：有教皇认同有何不妥？现在大家都相信神，崇拜神，教皇告诉大家，国王的位置是神赐予的，不是省了国王很多麻烦吗？

越：可这样一来，教皇的权力不就显得比国王还要大了吗？

丕：教皇管理的教徒再多，也需要国王的保护。你说，谁的权力大？

越：这么说，好像是国王的权力大。但每一个教徒，不是都需要无条件听从教皇的吗？而国王只是众多教徒中的一个。还是教皇的权力大。

丕：胡说！教皇只有个头衔，又没有军队，怎么会比我大？

越：若不是比您大，为何你们同行的时候，教皇骑着马，您却是当个小跟班，步行跟随呢？为何您见到教皇时，还必须给教皇屈膝行礼呢？

丕：你懂什么，我跟随的是神，参拜的也是神。

越：……

丕：哎，跟你说不清。至少目前我需要教皇，教皇更需要我，我是他的保护人，他再大也大不过我，这就够了。

越：……

丕：好了，采访就到这里吧。你一个小屁孩，懂什么！再见！

广告贴吧

骑士装备我家强

本店配有各类骑士装备,有战马、铠甲、头盔、宝剑、长矛、盾牌以及护腿,质量过硬,价格也绝对实惠。一匹带装备的马,在别的地方用 45 头母牛才能买到,在我这里只要 40 头!

欢迎各位勇敢的骑士前来选购!

一家专门的骑士装备店

法式羊角面包出炉了

为庆祝图尔大捷,本店特推出一批新款面包,形状类似新月。数量有限,欢迎前来购买!

法兰克西斯面包店

君士坦丁的赠礼

有书信为证,早在四百年前,伟大的君士坦丁大帝因为迁都拜占庭,就把西罗马的土地作为礼物,送给了我教教皇。法兰克国王不过是原物奉还。希望一些居心不良的人士不要再借此大做文章,妄图抢夺我们的土地了!

附:君士坦丁大帝写给教皇的一封信(略)

罗马教会

智者为王第 ❷ 关

1. 世界三大宗教是指哪三个？
2. 信奉伊斯兰教的信徒叫什么？
3. 伊斯兰教的第一年是哪一年？
4. 穆罕默德的继任者被称作什么？
5. 阿拉伯人把哪个文明古国灭亡了？
6. 东罗马帝国的粮仓是指哪里？
7. 阿拉伯帝国真正的奠基人是谁？
8. 西班牙被阿拉伯人征服之前，受哪个王国统治？
9. 东罗马的秘密武器是什么？
10. 阿拔斯王朝的创立者是阿拉伯人吗？
11. 西班牙和法兰克王国之间是什么山？
12. 法兰克把国王赏赐给贵族的土地叫什么？
13. 哪一战之后，穆斯林的势力再也没越过比利牛斯山？
14. 罗马皇帝君士坦丁大帝给当时的罗马教皇写过一封信，这是真的吗？
15. 阿拉伯帝国之前，还有哪些帝国横跨欧、亚、非三洲？

智者无敌　王者为大

第 7 期

【公元 768 年—843 年】

又一个罗马皇帝

穿越必读

  如果你会玩扑克牌，那你一定认识红桃 K，它上面的人物就是查理大帝。他一手执剑，一手执十字架，统一了欧洲的大部分地区，为欧洲的黑暗时代带来了一线光明。

顺风快讯

父亲是矮子，儿子是巨人
—— 来自法兰克都城亚琛的加密快讯

（本报讯）公元768年，矮子丕平因病去世。王国被平分给了他的两个儿子。可惜弟弟比较短命，没几年就去世了。

哥哥查理（史称查理大帝）顺理成章地接管了所有的领土，成为法兰克唯一的国王。

这位新国王身材特别高大，不管是坐着，还是站着，都让人肃然起敬。和他那矮小的父亲比起来，简直是个巨人。

别看他只是一个法兰克的小国王，但他的志向一点都不小。因为，他不但想做法兰克的国王，还想做整个欧洲的国王！

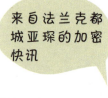
来自法兰克都城亚琛的加密快讯

为了锻炼自己，他经常跑到深山老林中打猎，或者是到水流湍急的江河中游泳。据说，他的游泳水平相当不错。

大家都说，他这么努力健身，是在为对外出征做准备呢！

世界风云

查理的理想

我要统治欧洲！

一个法兰克国王，却想统治整个欧洲，这当然不是一件容易的事。自西罗马帝国灭亡以来，很多人想都不敢想。

但查理不一样，他不但敢想，还敢做，并且做了一件别的国王很少能做到的事——身为国王，他居然亲自出征了50多次！

查理的军队很有特色，每次出征，一眼望过去，都是黑压压的一大片。因为所有的将士都穿着黑色的盔甲，骑着黑色的战马。那阵势，敌人看了，没有一个不胆战心惊的。

查理和他的父亲一样，是一位虔诚的基督徒。他认为，要征服一个地方，最好的办法，就是让那里的人变成基督徒，这样大家会变得温和一点，好统治一点。

因此，每征服一个地方，他都会问对方："你是想死，还是信基督教？"结果，为了保住项上人头，大多数蛮族不得不接受了基督教。不久，他就征服了西班牙、意大利等大部分土地。

有一年，查理准备去征服北欧。可就在这个时候，当地的一家修道院发生了一件怪事，那里的牛一夜之间全都莫名其妙地死掉了。

世界风云

查理听说这事之后，觉得这是一个不祥的兆头，便撤回了法兰克。不久，北欧就传来一个消息——

当地的国王抛弃妻子，娶了一个年轻貌美的新王后。国王的儿子对此十分不满，趁外出打猎的机会刺死了国王，引得国内大乱，军心涣散。

这不是天助法兰克吗？法兰克趁机出兵，不费吹灰之力，就打败了他们。

从此，法兰克一跃成为西欧最强大的国家（其领土包括今天的法国、瑞士、比利时、芬兰、奥地利，还有德国和意大利的大部分地区，以及西班牙的东北部）。

自从西罗马帝国灭亡之后，西欧大陆还从来没有出现过这么大的一个帝国呢！

又一个罗马皇帝诞生了

查理征服到哪里,哪里就成了基督教的天下。他不仅重用主教、修道院长,还给他们分封土地,对教皇更是十分尊敬。

教皇对此又惊又喜——因为周边还从来没有一个国家这样做过呢!于是,他把查理称作"基督教的保护者"。

当然,这两个人都是各有各的算盘。查理是想打着基督教的旗帜,更好地统治臣民;而教皇是想,要是有这么一个靠山,就什么都不用怕了。

果然,不久,教皇被一群罗马贵族攻击,赶出了教堂。他们还威胁教皇说,要割掉他的舌头,剜掉他的眼睛,把他拉下马。

查理知道后,立刻率军开入罗马,把那些人严惩了一番,并亲自把教皇送回罗马,保住了他的地位。

教皇对此感激涕零,为了答谢查理,决定给他献上一份厚礼。

公元800年的冬天,为了庆祝圣诞节,

呜呜呜,谢谢!

以后我罩着你!

世界风云

查理像往常一样，来到罗马。教皇带领全部教士跑到郊外去迎接——一般来说，只有皇帝来访时，教皇才会亲自出门迎接。

到了圣诞节那天，查理正在祈祷，教皇突然捧出一顶皇冠，戴在他的头上，然后高声宣布说——一个伟大的罗马皇帝诞生了！

在场的所有人听了，都欢呼起来。

查理虽然觉得很突然，但也激动不已——因为，从这一刻起，人人都知道，他是罗马帝国的皇帝了，是教皇和上帝要他管理这个地方的！这可是无比的荣耀啊！

于是，他毫不犹豫地接受了。从此，查理被正式称为"查理曼"（"曼"就是大帝的意思）。法兰克也摇身一变，成了新的"罗马帝国"，开始和东罗马帝国平起平坐。

为了统治这个庞大的帝国，查理发明了一套奇特的管理办法：

他把全国分成许多区，让该区的大主教和修道院长帮忙，每隔一段时间向自己——而不是向教皇汇报当地人们的生活状况，就连伯爵们也要接受他们的监督。所以，这些区又叫教区。

有了主教和院长们的帮忙，查理管理起来就轻松多了。在他的统治下，法兰克王国被治理得井井有条。

世界风云

爱学习的蛮族皇帝

和以前的罗马皇帝不同,查理是一个日耳曼人。

大家都知道,日耳曼人被称为蛮族,是因为他们不重视学习,既不会读书,也不会识字。查理虽然打仗很厉害,却也是个文盲。但他特别想学习,对一切未知的东西都很感兴趣。

可是,法兰克王国既没有学校,也没有老师,没有一个人可以教他。于是,查理成立了一座宫廷学校,从外国请来一些学识渊博的大学者。

这些大学者中,最有名的是一个叫阿尔昆的修道士。据说,他的学识比任何一个人都要渊博。

查理让皇后、妃子、王子、公主以及贵族们都来学校读书。每过一段时间,他就将学生们召集起来,亲自检查作业。谁的作业做不好,就会遭到他的大声训斥。

而最用功的学生,当然

让我们一起学习,一起进步!

世界风云

就是查理本人了。他不但学会了算术、几何、天文等方面的知识，还学会了好几门语言。

不过，在学习写字的时候，他却遇到了很大的困难，怎么也学不会。尽管他在枕头底下放了一个写字本，每天一睡醒就开始练习，可最后还是除了自己的名字，什么都不会写。

查理是长大成人之后才开始学习的，为此他非常遗憾。他希望别人不要像他那样，错过学习的好时机，所以下令由教会去建立一座座学校。任何一个人，只要想读书，都可以去教会学习，不用交一分学费。并且，每个教会和修道院都修建了一座图书馆。慢慢地，识字的人就多了起来。

看起来，查理曼是不是比其他日耳曼人都要聪明呢？不过，他也和他的子民一样，相信一条奇怪的法律：

当一个人被怀疑犯了罪时，不是被送到法庭进行审判，而是用一块烧红的铁块去烫他的手，或者把他的胳膊伸到沸腾的水里。他们认为，如果这人是无辜的，就会有神灵介入，伤不到，即使伤到了，也会马上痊愈。

唉，伟大的查理竟然也相信这样的法律，真是奇怪啊！

聪明的使者

查理帝国变得又强又大,让东罗马帝国十分不安。他们一方面觉得自己才是罗马帝国的正统继承人,很不服气,一方面又害怕查理,不敢攻打法兰克王国。所以,东罗马的皇帝只能把帝国的使者当出气筒,经常刁难他们。

有一次,查理又派了些使者出使东罗马。为了欢迎他们,东罗马安排了一场宴会。

东罗马的宴会,有一个很奇怪的规矩,就是不准把菜翻过来吃。有位使者不知道这个规矩,看到自己面前的一道菜上布满香料,就顺手翻了过去。

东罗马的大臣看到了,立马站出来,要求皇帝把这个使者处死。皇帝心中暗喜,但为了表示自己的宽厚仁慈,他又做出一副惋惜的表情,对使者说:"说吧,我允许你提最后一个要求,无论是什么要求,我都会答应你。"

使者听了,不慌不忙地说:"陛下,我请求您把看到这件事的人的眼睛全部剜掉!"

大臣们听了,吓了一跳,一个个连忙表示,自己没有看到。

既然没有一个人看到,那这名使者自然就没有罪了。于是,皇帝只好放过了这个使者。

从那以后,东罗马的皇帝再也不敢无故挑衅了,甚至后来还给查理大帝写了一封信,称他是"亲爱的兄弟"呢!

自由广场

罗马帝国复兴了吗

某意大利人

这教皇把皇冠戴到了查理的头上,还称他是罗马人的皇帝。你们说,这是不是代表罗马帝国复兴了啊?

区区一个日耳曼人,不管是血统、外貌还是学识,从哪方面看,都不是罗马人。就算他会说拉丁语,但也改不了他是一个法兰克人的事实。

某东罗马人

某罗马贵族

对,查理帝国怎么能跟西罗马帝国相提并论呢?查理帝国最好的时候,也只有西罗马帝国的一半大,有很多地方并不受查理的统治。而他有一些土地,也从来没有被罗马人统治过。还有,查理大部分时间住在德国,只去过意大利四次,他的帝国首都不是罗马,而是亚琛(位于德国)。

大帝的能力是很强。这欧洲本来就是一片散沙,靠着他的雄才伟略,才勉强装进法兰克王国这个大盘子。但这只是他个人的能力成就的。一旦这种能力不存在了,查理帝国还能不能像以前的罗马一样存在那么久呢?我觉得有点悬。

某法兰克人

奇幻漂流

生了几个白眼狼

编辑老师：

你好。我是虔诚者路易。和我那伟大的父亲（指查理大帝）相比，我的人生就逊色多了。可能是我太无能，就连儿子们也眼巴巴地希望我早点退位，我也早早地就把帝国分给了三个儿子。

谁知后来，我又生了个儿子。这手心手背都是肉，我希望三个儿子能让出一部分领土给这个最小的弟弟。没想到他们不但不愿意，还发动两次叛乱攻打我，让人寒心。

唉，我不过是想给自己的孩子谋一份产业，怎么这么难呢？

虔诚者 路易

尊敬的陛下：

您好。对您的遭遇，我深表同情。不过，我对贵国的继承制一直不太赞同。有多少儿子，就把土地和财产分成多少份，看起来很公平，实际上隐患很大，不仅削弱了整个帝国的实力，还容易引发兄弟间的争端。一旦兄弟不和，爆发的就是国与国之间的战争，比争夺一个王位还要血腥，还要暴力。

如果这个传统不能改变，父子、兄弟间的斗争就永远不会平息。因为，没有谁会愿意把到嘴的肥肉吐出去。

（注：843年，路易的三个儿子在凡尔登签订条约，将查理帝国一分为三，即中法兰克王国、东法兰克王国和西法兰克王国，它们最后变成了意大利、德国和法国。）

名人来了

特约嘉宾
查理大帝
（简称"查"）

越越
（简称"越"）

> 嘉宾简介：他是法兰克的国王，也是罗马人的皇帝。就是他，一手持剑，一手高举十字架，将法兰克王国的版图扩大了整整一倍，统治了大半个欧洲。那好战的他到底有什么魅力，能得到"欧洲之父"的美称呢？让我们走近查理大帝吧！

越：哇，陛下，您的宫殿可真华丽啊！（四处张望）这桌子都是金子做的吧？

查：嗯，身为一个罗马人的皇帝，当然不能亏待自己。

越：听说陛下提倡节俭，看起来不是那么回事嘛。

查：我是个皇帝，住的地方自然不能太简陋了。但是在吃的、穿的方面，还是可以简单点的。

越：（这才注意对方的穿着）噢，陛下这衣服……确实十分朴素。这是为何？以陛下的身份，完全可以穿丝绸的呀。

查：我不喜欢丝绸，感觉穿在身上，跟个傻子似的。

越：怎么会？您身边爱穿丝绸的人可不少，难不成他们都是傻子？

查：怎么不傻？有一次，快来暴风雨的时候，我带他们去森林里打猎。结果，他们的丝绸长袍全都被浇了个透，还被荆棘扯得稀巴烂。你说傻不傻？哈哈！

越：让人家穿着丝绸去打猎，陛下您可真调皮。

查：唉，我就看不惯大家不学无术，光会吃喝玩乐、梳妆打扮。年纪轻轻的，学点东西不好吗？

越：这是您的想法，不要强加在别人头上嘛。

查：别人？就连我自己的女儿，我也是这么要求的，要求她们必须会织布、做饭、做衣服，懂这些，才能养活自己。

越：她们贵为公主，还会做这些？那哪家要是娶了这么个媳妇，可就有福了！

查：谁说我的女儿要嫁人了？

名人来了

不嫁不嫁!

越:啊,您是说,公主们现在都没嫁人?

查:跟着我有吃有喝的,一家人永远和和美美地待在一起,为何要嫁出去?

越:……(无语)陛下您可真任性。请问陛下您今年高寿啊?

查:不高,也就71岁吧。

越:人都说老小老小,看来是没错。陛下一把年纪了,还跟个小孩似的。

查:我要是还小就好啰。想当初,我是天不怕地不怕啊,连教皇都不怕呢!

越:连教皇也不怕?您能当上罗马人的皇帝,可是他的功劳噢。

查:你以为我想当啊?教皇这招啊,是想陷我于不义,让我跟东罗马对着干呢!

越:这么说,您并不想当这个罗马人的皇帝?

查:能力有限,当之有愧啊!

越:但我怎么感觉,您做得挺开心的呢?

查:既然已经有了这个名分,那肯定就要好好地做了,这也是没办法的事。

越:这么勉强?那如果您干得不开心,就把这皇帝的位置让给罗马人得了。

查:那怎么行,我辛辛苦苦打下来的江山,怎能轻易送人?

越:(偷笑)那您准备百年之后,把这江山给谁呢?

查:当然是我的儿子了。可惜,我的儿子们不争气,好几个死在我前头,现在就剩下一个路易啦。

越:那也不错,没人跟他争来争去了。

查:唉!我这儿子能力不足啊——不谈这些了,小记者,有没有兴趣跟我出去打猎?

越:打猎?陛下,现在外面天气寒冷,滴水成冰,您年纪大了,小心感染风寒啊。

查:小看我!想当年我年轻的时候,那可是再冷的天气,我都会出去游泳的。

越:陛下现在又不是年轻人,还是要当心点好。

查:扫兴!不陪你玩了!(傲娇地转身走了。)

越:陛下保重!

沉痛哀悼骑士罗兰

在对抗敌人的战争中，伟大的罗兰伯爵不幸牺牲。他忠君爱国，勇敢坚强，是大帝麾下第一个拥有"圣骑士"的人。虽然他死了，但我们将永远怀念他！

查理帝国

聘请立奥当校长

我们的大数学家立奥先生学识渊博，很多人都想请他去讲学，阿拉伯甚至愿意出2000磅黄金。

为了不让我们的人才被人抢走，现决定创建一所宫廷学校，由立奥担任校长。凡贵族子弟，均可以免费入学。

我们还需要一大批优秀教师，欢迎大家前来应聘。凡录取者，均可以获得一笔十分可观的酬劳。

东罗马帝国

拉丁文改革

为帮助大家学好拉丁文，从即日起，采用新的书写方式，即用大写字线作为一个句子的开头，用句点作为一个句子的结尾。

查理帝国文字改革办

第 8 期

【公元 843 年—1041 年】

海盗来了

穿越必读

在欧洲的大海上,曾经有一个传奇的团体。他们的出现,给欧洲带来了一片腥风血雨。而在抵抗他们的入侵中,一个叫英格兰的王国,如新星一般冉冉升起……

顺风快讯

海盗来了
——来自法兰西王国的加急快讯

（本报讯）查理帝国被三兄弟瓜分后，实力大不如前。一大帮不怀好意的邻居便跑来趁火打劫。有一支诺曼人的队伍，甚至还攻入西法兰克（后改为法兰西），打到了巴黎，把国王吓了一大跳。

> 来自法兰西王国的加急快讯

咦？这些家伙是从哪里冒出来的呢？怎么这么厉害？

据调查，这些诺曼人也是日耳曼人，来自欧洲最北边一个叫斯堪的纳维亚的半岛（今挪威、瑞典和丹麦所在地）。

由于北边天气寒冷，生活难以自给，他们常常成群结队，跑到海上打劫。

一开始，他们只是在海上抢劫船只和货物。到后来，他们干脆跑到岸上，到各个城镇烧杀抢掠。他们像风一样呼啸而来，得手后，又像风一样呼啸而去。沿海的人只要一听到"海盗来了"就吓得魂飞魄散。

人们本来盼望国王能像查理曼那样，带领他们赶走海盗。可惜，国王和兄弟们争天下时智勇双全，面对凶猛的海盗，却成了窝囊废，最后花了一大笔钱，才把这些灾星打发走。

这样的事多了，法兰西人就不再对国王抱有希望了。

英格兰之王

在法兰西的西北方，有一个叫不列颠的海岛。

很久以前，罗马人征服过这里，日耳曼人也征服过这里，并在这里建立了许多小王国。这些小王国打来打去，最后统一成了一个新王国——英格兰。

诺曼人既是法兰西的噩梦，也是英格兰的噩梦。

尤其是英格兰，四面都是海，更是极大地方便了诺曼人。诺曼人驾着小船，在英格兰海岸轻轻松松地上了岸，抢了钱财，又抢土地，甚至把老婆、孩子接到岛上，在岛上住了下来。

英格兰人出兵对付他们，不但没能教训到他们，反而被他们打得灰头土脸。

眼看整个王国就要灭亡了，这时，英格兰出现了一位新国王，叫阿尔弗烈德。

阿尔弗烈德既聪明又勇敢。他先是装扮成一个流浪歌手，背着竖琴，跑到敌人的营地，一边给敌人唱歌，一边刺探敌情。打仗的时候，他又身先士卒，带领大家一起战斗。

英格兰人受到鼓舞，一个个奋勇当先，拼死杀敌，这才把诺曼人逼得讲了和。

可是诺曼人不讲信用，几年后，又突然对英格兰发动袭击。英格兰吃了败仗，全军覆没，只有阿尔弗烈德一个人逃了出来。他又累又饿，来到一个放牛人的小屋前，想讨点东西吃。

世界风云

放牛人的妻子正在火边烤饼,她说她要去挤牛奶,如果他能帮忙看看火,就分一个饼给他吃。

结果,阿尔弗烈德一心想着如何教训海盗,心思根本没有放在饼上,把饼烤焦了。

放牛人的妻子见了,狠狠地骂了他一通:"天呐!连个饼都烤不好,真是条笨狗!"然后把他轰走了。

后来,阿尔弗烈德重整旗鼓,组织起一支海上舰队(这是英格兰的第一支海军)。英格兰人知道国王还活着后,都振奋不已,纷纷响应。大家齐心协力,再一次击退了诺曼人的进攻。

诺曼人再次求和,阿尔弗烈德于是和他们达成协议,把英格兰的东北部分划为"丹麦区"。从此,诺曼人便在这块土地上安家落户,开始老老实实地过日子。

大英格兰是打不倒的!

糊涂国王办糊涂事

人们常说,"没有金钱是万万不能的",但是金钱也不是万能的,不是总可以解决问题的。

前面我们讲到,法兰西给了海盗们一笔钱,才把他们打发走。可惜,这一批海盗拿了钱,走了,下一批又杀了过来,又来要钱了。这样反反复复,诺曼人光攻打法国,就打了四十多次!

先前,日耳曼人被罗马人当作蛮族人。现在呢,日耳曼人却觉得,诺曼人才是真正的蛮族人呢!

为了把这些蛮族人打发得远远的,公元911年,法兰西国王糊涂查理——一听这个外号,就知道是个昏君——居然学着英格兰的样儿,把法国北部沿海的一部分土地分封给诺曼人,还把女儿嫁给他们的首领罗洛,封他为公爵。

按照法国的惯例,罗洛得到土地后,必须亲吻法国国王的脚,以表敬意。

可罗洛觉得,身为一个头头,居然要给国王下跪,还要亲吻他的脚,实在是太没面子了!于是,他让一个手下代替他行礼。

那个手下也很不乐意,但是上级的命令不能不听啊。

结果,在行礼时,他把"傻子"国王的脚抬得高高的,害得国王连人带椅子,向后摔了个四仰八叉,跟个翻过身的乌龟似的。

海盗们看了,都哈哈大笑。

从此,诺曼人在法国就有了一块地盘——"诺曼底公国"。

世界风云

蓝牙王，海盗的终结者

海盗们乘风破浪，所到之处，称王称霸，短短几十年，就建立了丹麦王国和挪威王国，威风得不得了。

丹麦王国有一个叫哈拉尔的王子，口齿伶俐，胆识过人，是海盗中的佼佼者。他将海盗的事业继续发扬光大，把丹麦王国和挪威王国统一了起来。因为他有一颗蓝色的牙，所以人们又叫他蓝牙王。

蓝牙王统一两个王国后，有个教士跑来给蓝牙王洗脑，劝他改信基督教。

传说，他为了证明上帝的力量，让蓝牙王用一块烧红的铁放在他的手上。更奇的是，那位教士的手居然没有受伤。

蓝牙王也被震慑了，于是带着臣民们，一起接受了基督教的洗礼，改信了基督教。

蓝牙王成了基督教徒后，一改海盗的脾气，主张大家不要再出去打劫。可他的儿子做惯了海盗，一天不出去抢，就不舒坦。

父子俩你说服不了我，我也说服不了你，最后只好在海上决斗，一决胜负。

蓝牙王这时年事已高，打不过身强力壮的儿子，逃到森林中，最后被人射死了。

不过，在他的影响下，越来越多的人不愿意当海盗了。大家都说，他是海盗的终结者呢！

世界风云

海盗建立了大帝国

因为入侵英格兰实在太方便了,海盗们把英格兰当作摇钱树,没事就去抢一把。

英格兰人对他们又恨又怕,但自己又力不如人,怎么办呢?英格兰国王灵机一动,与诺曼底公爵的妹妹结了婚。

有了法国人当靠山,英格兰国王腰也直了,胆也肥了。有一天,他居然下了一道命令,将所有留在不列颠岛上的丹麦人,不分男女老少,统统处死!

这下把丹麦人惹恼了!他们决心为自己的同胞报仇,把英格兰的王冠夺过来!

英格兰又穷又没人,又遇上大饥荒,哪里打得过人家?

国王见势不妙,先前的雄心灰飞烟灭,带着妻子和儿子爱德华去投奔自己

世界风云

的小舅子诺曼底公爵。

就这样，丹麦征服了英格兰，之后又征服了挪威。

哈拉尔的孙子克努特（史称克努特大帝）一下子拥有了丹麦、英格兰和挪威三个王国，以北海为中心，建立起一个北海大帝国！

别看克努特年纪轻轻，治理国家却很有手段。因此，周围的大臣总是拍他马屁。克努特是个明白人，十分厌恶这些蠢话。

有一次，他带着大臣来到海边，大臣们又像往常一样奉承他。

有的说："啊，您是古往今来最伟大的人。"

有的说："对，再也没有别的人像您这样厉害了！"

还有的说："啊，没有什么人不敢不服从您。"

克努特为了治治这帮马屁精，就让人将椅子放在海边，命令道："大海啊，我命令你，不准再来了，不许碰到我的脚！"

结果，海水还是漫过了椅子，不但打湿了克努特的脚，连他的衣服都弄湿了。

于是，克努特把那帮大臣狠狠地教训了一顿。

克努特建立的帝国十分强大，但他死后，又把帝国分给了他的三个儿子。因此，这个庞大的帝国，就如美丽的昙花，刚开就败了，实在令人惋惜。

此后，海盗们再也没有过北海帝国这样的辉煌业绩。

奇幻漂流

国王如同流浪儿，怎么办

编辑老师：

你好。虽然以前的国王不中用，大家推选我出来当国王，但我的日子也不好过。现在的我，过得跟个流浪儿似的，今天住在巴黎，明天就可能搬到别处去了。相比之下，我的公爵、伯爵们，不论是财富、兵力，还是声望，都远远超过我。

若不是我还有一个撒手锏，能够在他们的遗产继承问题上说上几句话，恐怕他们早就不把我当回事儿了。

唉，我该怎么改变现在这种局面呢？

休·卡佩（法兰西卡佩王朝的创立者）

尊敬的国王：

您好。国王沦落到这般境地，实在是有失体面。眼下，要改变这种情况，您要充分利用手头上仅有的两样东西。

一是土地。从今以后，不管有多少儿子，土地只能由一个人继承。若还是像以前那样，再多的土地也不够分。

第二，若是在遗产继承问题上您还能说上话，说明您还有一定的权力。要想办法加强一下这个权力，比如让贵族们必须经过您的加冕，才能确立自己的正式身份。只要他们有求于您，您的日子就会好过得多哦。

（注：此后，法兰西国王确立了长子继承制，积极争取扩大王权，慢慢走出了"无权时代"。）

自由广场

是英雄，还是魔鬼呢

某英格兰贵族：这帮强盗，不是抢劫就是杀人，在我看来，他们就是一群魔鬼，一群来自地狱的可怕的魔鬼！

某商人：你们不觉得他们很像古代的腓尼基人吗？拥有高超的航海技术，胆子也大，什么都不怕。据说他们发现了冰岛和格陵兰岛，是一群很了不起的探险家啊！不知道他们还去过哪些地方啊？

某小兵：听说他们去过一个地方，比任何一个地方都要远。那里生长着可以酿酒的葡萄，遍地都是青草、树木、小麦，到了冬天就温暖如春，好像是世界的尽头呢！（注：其实是美洲大陆。）

某农夫：这是什么探险！明明是为了抢劫，什么地方都想去，只要那里有钱！一群凶猛的蛮族人！

某阿拉伯商人：这年头，谁不想得到更多的土地和财富啊！我觉得海盗很聪明啊。只要你比我强，我就和你做生意，但你要是比我弱，那就对不起了，你的东西全都是我的。

某教士：只要有海盗在，海上永远不会太平。愿上帝保佑我们，让这些海盗早点消失吧！

名人来了

特约嘉宾
阿尔弗烈德大王
（简称"阿"）

越越
（简称"越"）

嘉宾简介：英格兰国王。他体弱多病，却有一副英雄虎胆；屡遭挫折，却绝不轻易言败。他胜不骄，败不馁，善于学习，并热心教导他的人民。在人们心目中，高贵的他是当之无愧的"英国之父"。

越：国王您好，请问您是英格兰的第一个国王吗？

阿：严格来说，算不上。第一个国王应该是我的祖父爱格伯特。在这之前，我们岛上有七个王国，是我的祖父统一了他们。

越：那您祖父是第一个统一英格兰的国王吗？

阿：这个我也不太清楚。据说从前还有个亚瑟王，他在位的时候，英格兰也很强大。

越：亚瑟王？就是那个拔出王者之剑的亚瑟王吗？

阿：这事你也知道？

越：是啊，听说英格兰有一把很神奇的剑，叫王者之剑，之前一直卡在一块大石头里。传说，只有一个人能把它拔出来，这个人就是英格兰未来的国王。所以，当时很多人想把这把剑拔出来，但都失败了。最后是一个叫亚瑟的小男孩把它拔出来了。所以他就当了国王。

阿：对，他就是亚瑟王。

越：听说，他身边有很多骑士，因为经常坐在圆桌前商讨国是，所以叫圆桌骑士，是吧？

阿：这些都是传说，是不是真的，我也不知道。

越：（失望）噢，这样啊，我一直以为是真的呢。

阿：小记者看来很失望？

越：（连忙摆手）不是不是，我今天主要是来采访您的。咱们还是多聊些跟您有关的话题吧。

阿：我倒是没什么好说的，没有那么传奇的经历。

越：您太谦虚了。光凭打败丹麦人这一事，您就能名垂

名人来了

千古。

阿：还好，还好！——啊，对了，我只有十分钟的时间接受采访了，待会还要去学校办点事。

越：学校？

阿：对，我建了一座学校，学校里有孩子，也有大人。

越：大人也要受教育吗？

阿：当然。他们不认字，像孩子一样无知。

越：那您是认字的了？

阿：认识几个。不过我小时候也不想读书，觉得读书特麻烦。

越：后来怎么又读上了？

阿：后来，我母亲拿了一本书给我们兄弟姐妹看，那书上的文字闪闪发光，漂亮极了，大家都很喜欢。我母亲就说："谁要是先读懂这本书，就把它送给谁。"我想要这本书啊，所以当天就找了个老师教我认字，赢得了这本书。

越：怪不得您这么聪明，原来是有个聪明的母亲。

阿：有其母必有其子嘛。——啊，不行了，我得走了！

越：啊，您怎么知道时间到了？难道您这有钟？

阿：钟表？那东西太稀罕，我这没有。——你看，那边不是有根蜡烛吗？我是用蜡烛来计时的。

越：（扭头看了一下）蜡烛怎么计时啊？

阿：简单，观察一下蜡烛燃烧的速度，每燃烧一个小时，就在蜡烛上刻个记号，不就可以了？哈哈，这还是我发明的呢！

越：这东西好是好，但要是带到外面去，风一吹，灭了怎么办？

阿：好办好办。把它放到一个牛角片做的盒子里，这牛角片很薄，光能从里面透出来。

越：啊，国王您真是太聪明了。

阿：哈哈，雕虫小技，雕虫小技！

越：不过，比起阿拉伯人来，英格兰还是有点落后啊。阿拉伯人都发明钟表了呢！

阿：嗯，慢慢来——好了，我真要走了！小记者再见！

骑士可以领工资了

从即日起，受封人死后，采邑封地可以由家族直接世袭，骑士们为领主服务的时间为 40 天左右。若超过这个期限，无论是领主，还是国王，都必须提供工资等有偿补助。

查理二世

发现一块金子

有谁在海边丢了包裹吗？那里面有一块金子。快去拿回来，不然要被海浪冲走了！

海边的某渔夫

（注：阿尔弗烈德时期，英格兰人民小心守法，若是有人犯法，就会受到严厉的惩罚。）

招聘造船名匠

丹麦人虽然擅长海上抢劫，船只却小，不适合深水作战。所以，我决定造一批大船，把丹麦人引到深水区作战。现急需一批有大船制作经验的工匠前来协助。若抗敌成功，必有重赏。

阿尔弗烈德

第 9 期

【公元 870 年—1106 年】

城堡的主人

穿越必读

奥托大帝通过东征西讨，成为欧洲最有实力的君王。他死后，基督教分成了东西两派，欧洲掀起了一场教皇与皇帝之间的斗争热潮，久久未能平息。

顺风快讯

捕鸟者当国王
——来自德意志王国的加急快讯

（本报讯）公元870年，中法兰克国王去世后，后继无人，只好把王国掰成东西两部分，分给了东法兰克和西法兰克。

东半部分原是条顿人（德意志人的一支）的地盘。很多年前，他们打败了屋大维，把罗马人拦在了外面。因此，这里的日耳曼人没有受到罗马的影响，说的也是他们自己的语言。

然而，东法兰克得了东半部分后，不但没有变得更好，反而走起了下坡路，分裂成四个部落，各自为政。

这四大部落的公爵个个都想当国王。其中有一个公爵，还自称是德意志国王，但因为实力不够，其他三个公爵根本就不承认。

最后，还是一位叫亨利的公爵如愿以偿，当选为德意志国王。

据说，他当选的时候，还在森林里专心致志地打鸟。所以，大家都开玩笑地称他是"捕鸟者"。

在他的统治下，德意志王国慢慢变得强大起来。

来自德意志王国的加急快讯

查理曼的粉丝——奥托大帝

亨利死后,他的大儿子奥托(史称奥托大帝)因为文武双全,能力出众,当选为德意志国王。

奥托是查理大帝的粉丝,不但想重建查理帝国,还想把东罗马帝国也合在一块儿。一当上国王,他便组织兵马向左邻右舍发起进攻。

德意志的南边是马扎尔人(即匈牙利人),据说他们是匈奴和柔然的后代,个子长得虽小,却十分剽悍,不仅擅长骑马,打起仗来,也和野兽一样凶猛,甚至还能把生肉挂在马鞍上,一边打仗,一边大嚼特嚼。

以前,这帮家伙经常跑到德意志来抢劫,索要贡品。

有一次,亨利忍无可忍,牵了一条狗出来,对使者说:"拿去,这个就是贡品!"

匈牙利人气得够呛。不用说,双方又打了起来。不过,亨利打不过他们,还是只能巴巴地上贡。

直到这次奥托出马,才把这群匈牙利人打得满地找牙,打破了匈牙利人不可战胜的神话。

世界风云

您真是德意志的英雄!

因此，人们对他佩服得五体投地，称他为"伟大的奥托"，把他当英雄一样看待（后人称他为"德国之父"）。

但奥托并没有沾沾自喜。对他来说，这只是一个开始。他的目标，是像他的偶像查理曼一样，当上罗马皇帝。

可是，如何实现这个目标呢?

正当他冥思苦想的时候，一个机会戏剧般地出现了! 罗马教皇像当年一样，与对手争斗失败，向奥托求援。

奥托收到求救信后，欣喜若狂，连忙带着军队越过阿尔卑斯山，杀到意大利，帮教皇赶走了对手。

教皇也知道吃人嘴软，拿人手短，不能让别人白帮忙，于是把皇冠作为回报，戴在了奥托的头上。

这一年是962年。奥托大帝终于和他的偶像查理大帝一样，成了"神圣的伟大的罗马皇帝"。他一高兴，就把德意志王国改成了"罗马帝国"（史称德意志第一帝国，后人把这当作神圣罗马帝国的开端）。

自由广场

神圣的罗马皇帝

德意志人甲

你们知道吗？从此以后，国王不但可以任免教皇，还可以任免各大主教和修道院院长！教皇要得到我们皇帝的保护，就必须忠于皇帝！哈哈，这可是从来没有过的事情啊！咱们皇帝可真威风！

是啊，奥托大帝还把教区改为采邑。这样，主教就像那些当官的一样，既有了权力，又能同时传教，为大家服务！

德意志人乙

教士甲

罗马皇帝虽然很威风，但要想当上，也不容易吧？这德意志王国由好几个诸侯国组成，必须先由诸侯推举为国王，再到意大利受封为意大利王，最后才是由教皇加冕为罗马皇帝！

不管怎样，因为奥托开了这么个头，现在，每个有作为的德意志国王，都要进军意大利，让教皇加冕了！唉，意大利再也不会像以往一样安宁了！

教士乙

某商人

皇帝要教皇加冕才能名正言顺，教皇要皇帝指派才能当教皇，唉，这都是玩的什么游戏啊，不就是互相利用吗？

基督教要分家

编辑老师：

　　你好。自从罗马分裂为东西两个帝国后，有关教会的事情，东边的教会一直都是听我们西边的意见，虽然有点小摩擦，但还是一家人。

　　但这一百多年来，我们东西两边的意见经常不一致。比如，我们西边觉得教士不应该结婚，东边却觉得教士和一般人一样，可以结婚，也可以生孩子。甚至到最后，就连该不该留胡子这种芝麻小事，他们也能和我们吵起来。这不是存心找碴吗？

　　我实在受不了了，就派人宣布开除东边主教的教籍。结果，东边主教不但不在乎，还派人开除了我的教籍，实在可笑！

　　你说，我要不要给他们一点颜色看看呢？

罗马教皇　利奥九世

尊敬的教皇：

　　您好。为什么东西两边教会以前能和平相处，现在却总是吵个不停呢？

　　原因不过有两点：一是两边的教会相距遥远，不属于同一个国家，碰到事情还要一起商量，实在是很麻烦。

　　二是，如今西欧的各个小国都信奉基督教，西边的教会威风八面，还可以指挥国王。东边的教会当然不服气，所以总是跟你们对着干。

　　事情到了这种地步，再计较也没意义。不如你走你的阳关道，他过他的独木桥，各自安好吧。

　　［注：1054年，基督教会彻底分裂。此后，东部教会称为东正教，西部教会则称为罗马公教（也叫天主教）。］

皇帝向教皇请罪

虽然基督教会啪唧一下分成两半了，但罗马教会仍然认为，教皇是基督教的最高首领，总想把权力从皇帝手中夺回来。

他们盼啊盼啊，终于盼来一个好机会！

公元1056年，德意志换了个新国王。新国王才6岁，年纪小，不懂事。于是，教皇趁机摆脱皇帝的控制，掌控了各个教区。

但他们还不满足，1075年，教皇格里高利（史称格里高利七世）又嚷嚷着说：教皇的权力高于一切，只有教皇有权任免主教和修道院院长，也有权废除君主，有权惩罚国王。

问题是，这时小皇帝亨利（史称亨利四世）已经长大成人。小伙子年轻气盛，不但不买教皇的账，还故意跟教皇作对，一口气免掉了几个教皇任命的主教。

格里高利气得跳脚，下令将亨利身边的四个亲信逐出教会。

亨利却一点儿也不在乎，不仅继续重用这些亲信，还派人劫持格里高利，把他扔进了大牢。直到很多人跑去给教皇求情，才把他放出来。

格里高利气得要命，一出来就把亨利骂了个狗血淋头。

亨利也不甘示弱，指责格里高利雇佣凶手，企图暗杀皇帝，还写信给格里高利，叫他"赶紧从教皇宝座上滚下来"。

格里高利看了，气得浑身发抖，心想：老虎不发威，你当我是病猫是吧？于是，他下令开除亨利的教籍。对基督徒来说，被逐出教会是一种特别严厉的处罚。一旦受到这种惩罚，人们看到他，就像躲瘟疫似的，会躲得远远的。

这下麻烦大了，亨利成了真正的孤家寡人，谁也不敢跟他来往。贵族们也要求他去向教皇请罪，否则，就不让他当皇帝。

亨利无路可退，这才跑去意大利的卡诺莎城堡，向教皇忏悔。

卡诺莎城堡修建在一个小山顶上。那天风呼呼地刮，亨利脱去华服和帽子，穿着单薄的衣裳，披着头发，打着赤脚，在冰天雪地里，一步一步地走到山顶。

尽管这样，教皇还是闭门不见。亨利在雪地里站了三天三夜，一把鼻涕一把泪地请求教皇宽恕。教士们见了不忍心，纷纷为他求情。教皇这才同意召见他。

亨利伏在地上，泪流满面地发誓，从此不再违背教皇的命令。教皇将他狠狠地训了一顿，这才表示原谅（史称卡诺莎之行）。

然而，作为一个皇帝，受了这样的侮辱，又岂会轻易罢休？

几年后，亨利带兵成功地占领罗马，把格里高利赶了出去。格里高利无计可施，只好向诺曼人求援。结果，亨利确实被赶走了，但罗马也遭到了洗劫。格里高利怕大家找他算账，不敢再在罗马待下去，逃到意大利南部去了。

智慧森林

城堡与骑士

"在很久很久以前,有一位美丽的公主,住在高高的城堡里……"你是不是听过类似这样的故事呢?

实际上,在公元十世纪的时候,人们确实在山顶建造了许多城堡。不过,城堡里住着的,既不是公主,也不是王子,而是堡主和他的手下。

这些城堡大都用大大的石头砌成,城墙垒得又厚又高。沿着城墙,有许多高塔,高塔上只有几个窄窄的口子,用作窗户。弓箭手可以通过这些开口往外射箭,外面的箭却射不进来。

城墙周围还挖有一条深深的护城河。任何人要出入城堡,都只能通过一道吊桥。这样,如果敌人来进攻,城堡里的人把吊桥升起来,外面的人只能干瞪眼。

城堡里面有很多房子,除了住人,有的还用来养牲畜,储存粮食。而堡主和他的家人住的,是最好、最大、也最坚固的房子。

不过,这些房子有一个共同的特点,那就是没有一面玻璃。房子里面又

125

智慧森林

阴暗又潮湿,尤其是冬天,更是冷得像冰窟窿。

吃饭的地方也十分简陋,几块木板一搭,就是一张饭桌。吃饭的时候,既不用筷子,也不用叉子,而是用手抓着吃;剩下来的食物,也是随手扔在地上,或者丢给狗吃,一点礼仪都不讲。

在不用打仗的日子里,城堡里的人过得十分悠闲。孩子们既不用读书,也不用写字——因为大人们认为这些东西没有什么用处。女孩们只要做个淑女,男孩们只要做个骑士就行。

不过,想成为一名真正的骑士,并不是件容易的事。

七八岁的时候,他就要离开自己的母亲,向城堡里的女士学习各种礼仪。比如,如何吃饭,如何走路,等等。

15岁左右的时候,要学习如何骑马,接受各种各样的训练,甚至还要去战场。不过,他的任务不是作战,而是给主人多准备一匹马或一支枪。

这样训练多年以后,到了21岁的时候,他才可以成为一名真正的

智慧森林

骑士。到了这一天,男孩子都特别兴奋,因为这表示他长大成人,可以做很多事情了。

你看,城堡里的人是不是过得很滋润呢?相比之下,城堡外的人,过得就没这么好了。这些人就是农奴。

农奴们没有土地,没有财产,只能在堡主的庄园里干活。他们没日没夜地操劳,吃的是又黑又硬的面包,住的是牛棚一样的小房子,睡的是冰冷的泥土地,最后还要把大部分收成献给堡主。

而堡主呢,只有到了战争的时候,才会想到保护他们,让他们带上牛羊,离开茅草屋,到城堡里避难。

有的农奴受不了这种生活,会想方设法地逃出去,再也不想回来。但一旦被抓了回去,就会受到很残酷的惩罚,甚至双手都要被砍掉。

唉,同样都是人,为什么差距会这么大呢?

名人来了

特约嘉宾
亨利四世
（简称"亨"）

越越
（简称"越"）

> 嘉宾简介：神圣罗马帝国皇帝兼德意志国王。他不是那个时代最有实力的君王，却是最有名气的一位。而他与教皇之间的斗争，轰轰烈烈，一直是人们最感兴趣的话题。

越：（大惊）陛下，我们来聊聊您跟教皇的事，可以吗？

亨：可以，这有什么不能聊的呢？

越：那我冒昧问一句，您堂堂一个皇帝，当年在雪地里向别人求饶，不怕被人嘲笑吗？

亨：你懂什么，那不过是我的一个计策而已！

越：什么计？缓兵之计？苦肉计？

亨：不管是什么计，我当时没别的想法，就是过了这关，有的是机会东山再起！

越：嗯，好汉不吃眼前亏，您果然是个好汉！（捂嘴乐）

亨：不然呢？你以为我真会向那个工匠的儿子格里高利忏悔？他也配？

越：忏悔是假，那誓言也是假的啰？

亨：哼！什么发誓、请罪，都是那老家伙逼我的，我为什么要遵守？

越：哎，说实话，我都有点糊涂了。这皇帝代表的不是最高权力吗？为什么反而要向教皇请罪，要请求他的原谅呢？

亨：小记者有所不知，在我们这里，教会的影响力很大。不光是我们王国，周围很多王国，都信奉基督教，包括国王。

越：那也就是说，教皇实际上是各国的太上皇？

亨：什么叫太上皇？

越：啊，（敷衍解释）就是皇帝上面的皇帝。

亨：有点像，但也不完全像。教皇与皇帝管理的区域不

名人来了

一样。教皇管理的是教徒，是看不见、摸不着的信仰。皇帝管理的是疆土，是实实在在的子民。皇帝可以是教徒，教皇需要皇帝来保护，各有各的权威和职责吧。

越：既然如此，那怎么又打起来了呢？

亨：如今的教会，不像以前了。大家有了官职，又有了土地，甚至还可以结婚，很多主教都发了财，教皇就不高兴了。

越：主教发财，教皇为何不高兴呢？

亨：因为主教的任免权在国王手里啊。钱再多，也进不了他的口袋，跟他一毛钱关系也没有。

越：哦，原来如此。但教皇的说法好像不一样啊。

亨：那老家伙怎么说的？

越：他说现在有的教会人员眼里只有钱，实在是不像话，所以才想把主教任免权收回去，提高教会的威信。

亨：说得倒是冠冕堂皇。他不过是希望所有的教徒都来服从他，所有国王都去亲吻他的脚——哼，真是痴心妄想！不说我了，英格兰会同意吗？法兰西会同意吗？阿拉伯人会同意吗？

越：唉！那现在格里高利死了，是不是代表您赢了？

亨：唉，老教皇死了，新教皇又出来了啊！听说新教皇要和我的儿子联合起来，把我踢开！

越：唉，那您打算怎么办？

亨：怎么办？逃走啊，难道在这里等死？唉，就算死了，教皇也不会让我举行葬礼，让我进天堂的。

越：唉，希望这场皇帝与教皇的斗争早点结束吧。

（注：一直到1122年，教皇与皇帝的这场争斗才暂告终止。）

墨尔森条约

为保证帝国的繁荣富强，现决定东、西法兰克王国接管中法兰克的大部分土地，意大利王国则维持原状。

东法兰克王国及西法兰克王国

（注：意大利王国后来被东法兰克兼并。）

骑士的誓言

我发誓，我要永远遵守以下几件事情：
要勇敢，
要善良，
要为基督教而战，
要保护弱小，
要尊重女性！

寻奴启事

半年前，有个农奴趁我外出打仗时，偷偷地逃走了。要是过了半年零一天，我们还没抓到他，他就是自由人了。

请大家帮我留意一下这个农奴的去向，必有重赏。

某公爵

智者为王第 ❸ 关

1. 扑克牌中的哪一张牌画的是查理大帝？
2. 查理大帝是在哪里加冕为"罗马人的皇帝"的？
3. 法兰克王国最有学问的是谁？
4. 查理帝国的首都是罗马吗？
5. 查理大帝的三个孙子是在哪里签订条约，将帝国一分为三的？
6. 欧洲最北边的半岛叫什么岛？
7. 英格兰之父是谁？
8. 法兰西国王封给诺曼人的地盘叫什么？
9. 蓝牙王是谁的外号？
10. 北海大帝国包括哪三个王国？
11. 德意志王国的前身是哪个王国？
12. 基督教是哪一年分裂为东西两派的？
13. 继查理大帝之后，又一个被称为罗马皇帝的人是谁？
14. "卡诺莎之行"中的皇帝是指谁？
15. 男孩子在什么年龄才能成为一名真正的骑士呢？

智者无敌 王者为大

第10期

【公元1066年—1095年】

征服者威廉

穿越必读

从公元前8世纪开始，一批又一批的外来者入侵英格兰。但这一切，被一个叫威廉的法国人画上了句号。这次入侵，既是威廉人生中最辉煌的顶点，也是整个英国历史的转折点。

顺风快讯

哈罗德登上王位
——来自英格兰首都伦敦的加急快讯

（本报讯）英格兰的王冠在丹麦人的头上没戴多久，转来转去，又落到了英格兰王子爱德华（史称忏悔者爱德华）的头上。

可惜，爱德华身子多病，没有儿子，做了20多年国王就死了。据说，他临死前用手指了指王后的弟弟哈罗德，所以众人就选举哈罗德当了国王。

消息传出后，有个人气得暴跳如雷。这人是谁呢？

他就是爱德华的表兄弟——诺曼底公爵威廉。他非常气愤地说，哈罗德是个大骗子，说好把王位让给他的，却不守信用。

哈罗德却反唇相讥道，威廉才是大骗子，自己是不小心才上了他的套，说什么话都不算数。况且，自己一个英格兰人，怎么可能把英格兰交给一个外人呢？

双方吵闹不休，真是公说公有理，婆说婆有理。那事情的真相到底是怎样的呢？

来自英格兰首都伦敦的加急快讯

绝密档案

威廉的如意算盘

威廉为什么说哈罗德是骗子呢？

原来，有一年哈罗德出海时，不幸遇到海难，飘到了诺曼底海岸。人们救了他之后，见他打扮不俗，就把他带到威廉那儿。

威廉知道他的身份后，对他特别好，三天一小宴，五天一大宴，每天大鱼大肉地款待他，隔三岔五地陪他打猎游玩，甚至还把女儿嫁给他。

威廉为什么对他这么热心呢？说起来，这事跟爱德华有关。

当年爱德华在诺曼底避难，与威廉的感情特别好。爱德华回国登上王位后，对威廉念念不忘，还说要把王位传给他。威廉自己也很喜欢英格兰，也想当这个国王。

可是，除了威廉外，哈罗德也有资格当这个国王，而且他是英格兰人，希望更大。

因此，威廉就打起了自己的如意算盘，认为如果哈罗德能帮他当上国王，那就什么问题也没有了。

哈罗德知道威廉的

绝密档案

想法后,大吃一惊,毕竟这王位又不是包包、衣服,怎么可以随随便便当礼物送人呢?

可是,哈罗德也明白,如果不答应的话,估计自己就回不了英格兰了,于是便不动声色,假意答应下来。

但威廉还是不放心,要求哈罗德向他宣誓效忠。哈罗德本想随随便便敷衍两句,哪知发誓的时候,威廉要他把手放在一个盒子上。发完誓,哈罗德才知道中了威廉的圈套。

原来,盒子里装的是基督教圣徒的遗骨。据说,谁要是这样发了誓,一旦违背,就会受到极其严厉的惩罚。所以,谁也不敢打破这样的誓言。

这还差不多!

我发誓!

哈罗德觉得被人下了套,气不打一处来,一回到英格兰,就宣布这个宣誓是违背自己意愿的,不具备任何效力。

等国王一去世,他就立刻登上王位,自己做起了国王。威廉的如意算盘就这样落了空。

世界风云

法国人征服了英格兰

我们知道,威廉的祖先本来是一帮海盗。威廉虽然做了法兰西公爵,但他的想法和行为,还是和他的祖先没什么两样,想要什么,就抢过来据为己有。

现在,哈罗德违背当初的誓言,抢了本该属于他的东西,威廉很生气,立刻召集了一支远征队,要把英格兰抢过来。

然而天有不测风云,由于风向突变,威廉的舰队不得不停留下来,这一停就是好几个星期。

哈罗德原本在对岸布下重兵,等了一天、两天、三天……一连数十天,不见人影,以为威廉认怂放弃了。恰好这时,哈罗德的后院起火,他的兄弟联合挪威人入侵英格兰,他就掉过头去,攻打挪威人了。

诺曼底军队浩浩荡荡地跨过海峡,在英格兰靠了岸。谁知跳下船时,威廉一不小心,摔了个跟头,栽倒在地上。

左右看了,都大惊失色,认为还没开战,主帅就先摔了一跤,

哎哟,不好!要摔跟头了!

世界风云

"稳住!我们能赢!"

是个不祥之兆。

威廉急中生智,顺手抓起两把泥土,站起来说:"哈,我们刚到英格兰,上帝就把这儿的泥土送给我,看来我们将拥有整个英格兰了!"

这话一说,战士们顿时转忧为喜,欢声雷动。他们信心百倍,像他们的祖先一样,与英格兰人展开了激烈的搏斗。英格兰人也不是软柿子,为了保卫自己的家园,拼死作战。

不过,哈罗德的运气很不好,因为他刚和自己的兄弟打了一仗,元气大伤。偏偏这时,有人突然大喊了一句:"不好了,公爵战死了!"——事后证明,这是诺曼人放出的假消息。最后,英格兰军队乱作一团,哈罗德本人也被射中眼睛,不幸阵亡。

哈罗德死了,哈罗德的兄弟也死了。现在,整个英格兰没有一个人可以跟威廉对抗了。

公元1066年的圣诞节,威廉如愿以偿地在威斯敏斯特大教堂加冕,成为英格兰国王(史称征服者威廉,他建立的王朝被称为诺曼王朝)。

威廉发誓说,要像英格兰那些明智的君主一样,治理好这个国家。不过,海盗出身的诺曼底家族真有这个本事吗?

自由广场

世界末日要来了

某商人

哎呀,谁说耶稣诞生后的一千年就是世界末日啊?什么都没发生啊!是不是搞错了?这世界没有什么变化啊!

一定是有什么未知的原因推迟了吧?现在的世界总会有走到终结的那一天,那一天就是世界末日。那时,世界上所有的人都会接受上帝的最后审判。

某教士

某皮匠

如果真有那么一天,那我真是太开心了。我这辈子没做过什么坏事,一定可以去天堂吧?这辈子穷困潦倒,没有幸福与快乐,到了天堂,一定能过上美好幸福的生活。

啊,那我这辈子做了不少坏事,在我的有生之年,一定要将这些罪过赎掉,不然以后进不了天堂啊!

某贵族

某平民

得了吧,这一年一年过去了,过去了这么多年,世界依然好好的,所有人都安然无恙,世界末日不会来啦。

世界风云

国王的审判书

威廉当了国王后,把英格兰的土地像分馅饼一样,分给了他的部将。部将们又把得来的土地,分给自己的属下。这些人得了好处,第一件事,就是向威廉宣誓效忠。威廉说什么,他们就做什么。

于是,英格兰满地都是威廉的人。新贵族们腰缠万贯,不得不组建自己的军队,修建自己的城堡,保护自己的新财产。

为了搞清楚英格兰当时到底是什么情况,威廉组织了一个调查委员会,让他们到各地进行一场大调查,把所有人的姓名、土地和财产,都仔仔细细地记录在一个小册子上,甚至连每家养了多少头牛和猪,都记得清清楚楚。更让人无法接受的是,土地值多少钱,该交多少税,都由调查员说了算。

担任调查员的,是一帮体格健壮、长相凶恶的家伙。别看他们长得五大三粗,做起调查来,却心细如发,每一个角落都不放过。面对这些调查员,人们一个个胆战心惊,就像接受世界末日的审判一样。

所以,大家把那本小册子,叫作"末日审判书"。

为了防止夜里发生危险的事情,威廉规定,每天晚上,一到某个时间点,钟声一响,所有人都要吹灭灯火和蜡烛,回家休息。这样,为非作歹的事情就少了许多。

不过,威廉也做了一件很不得人心的事情。很多人都知道,威廉非常喜欢打猎,射出的箭,又快,又狠,又准,就连他用的

世界风云

弓箭,也没人能拉得开。

可是,伦敦附近没有一个打猎的好地方。于是,他毁掉了20多个村庄和农田,把它变成一座皇家森林,供自己私人使用。当他在森林里快活地追逐、打猎时,成千上万的农民却被赶出房子,拖儿带女,流落在野外。

虽然不喜欢威廉的人总想把诺曼人赶出英格兰去,但从来没有成功过。诺曼人就像一块牛皮糖,牢牢地粘在英格兰的土地上,再也弄不掉了。

值得庆幸的是,诺曼人把英格兰治理得非常好。从此以后,人们在这里安居乐业,再也没有被别人征服过。

奇幻漂流

一仆二主，如何是好

编辑老师：

你好。我是征服者威廉最小的儿子亨利（史称亨利一世）。我的大哥罗贝尔是诺曼底公爵，我的二哥威廉（史称红脸威廉）是现任英格兰国王。我同时拥有两个头衔，两块封地，一个在诺曼底公国，一个在英格兰王国。

现在的问题是，大哥和二哥水火不容，都声称对方的领土是自己的地盘。所以，我的处境十分尴尬。若是忠于诺曼底，二哥会没收我在英格兰的收入和荣誉。若是忠于英格兰，大哥就会剥夺我在诺曼底的世袭领地。很多诺曼人和我一样，有着同样的苦恼。很多人希望，把英格兰和诺曼底放到一起统治，两个国家拥有一个君主。

你觉得这个方法行得通吗？

亨利伯爵

尊敬的伯爵先生：

您好。俗话说得好，"一仆不侍二主"。根据长子继承制，确实应该由您大哥罗贝尔继承所有的领土。

问题是，罗贝尔之前背叛过父亲，大家还愿意让这样的人做英格兰国王吗？最关键的是，他打得过红脸威廉吗？

唉，想要让他当英格兰国王，一个字——"难"呐！

（注：罗贝尔与威廉发生多次战斗，均被威廉一一击退。威廉牢牢地守住了英格兰王国。）

名人来了

 特约嘉宾 征服者威廉（简称"威"）

 越越（简称"越"）

嘉宾简介：法国诺曼底人。前半辈子是诺曼底公爵，后半辈子为英格兰国王，一个幸运的成功者。没有他，诺曼人对英格兰的征服就不可能发生。所以，人们称他为"征服者威廉"。

越：尊敬的国王，您好，没想到您这么胖……

威：我胖不胖，用得着你说吗？（抱着大腿）哎哟……

越：怎么了，您受伤了？

威：唉，别说了，本想跟法兰西打一仗，却没承想从马上摔了下来，伤了筋骨。

越：怎么和法兰西打起来了，他不是您的国王吗？

威：但我现在也是国王啊！他唆使我的长子背叛我，逼我们父子刀剑相向，最近还对诺曼底发动攻击，你说可恶不可恶？

越：是啊，您本来是法兰西的公爵，现在做了英格兰国王，诺曼底怎么办？

威：诺曼底是我的故乡，当然还是我的啊！——哎哟……

越：这两边都占着，法兰西国王当然有意见啰！

威：有就有，我怕他？从我祖父起，这诺曼底都是名义上属于法兰西而已，实际并不相干。

越：我怎么听说，那法兰西国王帮助过您呢。

威：此一时彼一时。帮我，是因为我当时弱小，受人欺负；怼我，是因为我现在变强大了。

越：您这么厉害，还有人欺负过您吗？为什么？

威：不就是因为我是个私生子。

越：私生子？怎么回事？方便说吗？

威：哦，我父亲看上我母亲的时候，已经有了一个夫人，不能和我母亲结婚。所以我就成了私生子，很让人看不起。

越：噢，太可怜了。

威：没关系，私生子又怎么样？我父亲只有我一个儿子，只有我才是他的合法继承

名人来了

人。我8岁就当上了公爵！

越：那您还是很幸运啊！

威：幸运？如果你天天担心有人杀你灭口，你就不会这么说了。

越：啊，有人要杀一个才8岁的孩子？为什么？

威：因为那些人不想让我这个私生子踩在他们头上，想取而代之。

越：哦，太可怕了！那您能平安长大，真是奇迹啊！

威：所以，还是要感谢法兰西，要不是他们借我一支军队打败那些人，我也没有今天。

越：也许，所有的坏运气走光了，接下来，就都是好运气了呢。

威：跟运气无关。这世界上，只有你自己强大了，才没有人敢欺负你，才能当个好国王。

越：那您觉得什么是好国王呢？

威：好国王就是，有坚贞的信仰，有美好的品行，为人们多做一些公义的事。就像我的表哥爱德华一样。

越：那您觉得，您是吗？

威：我让太多的人流血，全身都是罪恶，算不上。所以，我也不敢把王位传给任何一个人。

越：您的意思是，您不想把王位传给您的长子？

威：那个逆子，我拼死拼活得到的江山，怎么能便宜他？他就是以为我的一切全都是他的，才这么肆意妄为！

越：但大家都是这样做，您不照着做，不太妥吧？

威：我知道，所以诺曼底只能给他。但英格兰并不是祖先传给我的，是我的战利品，万万不能给那逆子。我的第二个儿子红脸威廉很会打仗，我打算传给他。

越：您不是最喜欢第三个儿子亨利吗？给他留了什么？

威：老三没有什么野心，不适合做君王。我给他留的，不是土地，而是5000磅白银。

越：原来如此，那希望诺曼底和英格兰在您的安排下，更加繁荣富强吧！

广告贴吧

修建威斯敏斯特教堂

因为眼下时局混乱,随时可能发动内乱,本王未能去罗马朝圣,心中甚感愧疚。因此,本王决定在伦敦附近修建一座教堂,以表我的心意。

忏悔者 爱德华

空中出现不明物

昨晚天空中有一个不明天体(指哈雷彗星)拖着长尾巴闪过,76年前它也出现过一次。这是上帝在告诉我们,战争要来了!诺曼人,跟我一起去战斗吧!我将把英格兰的土地分给你们!

诺曼底公爵 威廉

欢迎推荐陪审员

近日关于土地的纠纷很多,为公平起见,现决定成立一个调查陪审团。要求陪审人必须是当地人士,最好是受审人邻居,以便能如实提供相关情况。共需12人,欢迎大家推荐。

英格兰国王 威廉

第 11 期

【公元 750 年—861 年】

金光闪闪的时代

穿越必读

阿拉伯人善于学习，重视文化。他们吸收了波斯、埃及、印度、希腊、罗马和中国的文化，创造了光辉灿烂的阿拉伯文化，从而开启了阿拉伯著名的"黄金时代"。

阿拉伯和中国打了一仗
——来自中国边境的快讯

（本报讯）现在，整个地中海沿岸一带，从君士坦丁堡，到北非，还有东边更远的地方，都是穆斯林的天下。

你是不是以为，阿拉伯就是世界上最强大的国家呢？当然不是。这时还有两个国家也很强大，很繁荣。一个是拜占庭，另一个就是中国的唐朝。

唐朝有很多了不起的东西。比如纸，当世界各地都在使用昂贵的羊皮纸，写一本书要耗上一大堆羊皮时，唐朝的人已经用上了洁白如雪的宣纸。

还有陶瓷，一堆其貌不扬的烂泥巴，居然能烧出这么美丽精致的东西来，真是神奇啊！大家觉得，只有中国人才能造出来这么神奇的东西。

中国有那么多神奇的东西，世界各地的人都感到好奇，跑去跟唐朝做生意，学习。

阿拉伯人也十分好奇，于是跑到中国边境，和唐朝打了一仗。通过这一仗，阿拉伯人学会了造纸。因为那些和他们打仗的中国士兵，有的以前正好是造纸工人呢！

中国的这些技术，就这样通过阿拉伯，走向了全世界。

来自中国边境的快讯

世界风云

哈里发迁都，小村庄变大城市

公元763年，有个叫曼苏尔的哈里发，突然间起了搬家的念头。他跑了很多地方，最后在古巴比伦城的附近，看上了一个叫巴格达的小村庄，决定在那里建立新都。

巴格达穷得叮当响，很多人不明白，为什么要将新首都建在那个地方。

曼苏尔却说："这个地方好啊，紧挨着幼发拉底河，可以把我们和中国联结起来，把四周的各种丰富物产，统统运来给我们。"

曼苏尔是一个出色的城市规划师。为了建这个新都，光金钱就用去了400多万第尔汗，雇用工人多达10万人。4年之后，一座东方的传奇之都终于建成了。

整座城市别出心裁，采用圆形设计，里面建造了许多美丽的建筑和寺院。这些建筑和别的地方不一样，它的窗户和门既不是方的，也不是圆的，而是马蹄形；屋顶看起来像颗洋葱，顶上有很高的尖塔。每当做礼拜的时候，就会有人爬到这些尖塔上，大声叫人做礼拜。

寺院的墙壁上到处都是美丽的图案和装饰。不过，上面既没有人，也没有动物。因为他们认为，那样做会给人带来厄运。因此，他们的图案，都是些直线、曲线或植物装饰，以及独特的阿拉伯文字，人们把它们称为阿拉伯式图案。虽然这些图案看起来不那么生动，但交织在一起，却十分漂亮。

世界风云

除此之外,曼苏尔还在河道上架设了桥梁,建造了完善的水利工程。他把自己的皇宫建在了市中心,光宫殿就占去全城的三分之一。除了曼苏尔本人外,任何人不得在这个地方骑马。

有一次,他年迈的叔叔因为痛风,身体不适,想享受特殊待遇。

曼苏尔却不为所动,还说:"可以用担架把他抬进来。"

叔叔说:"这样我会在大家面前抬不起头来的。"

曼苏尔说:"他们根本看不到你的样子,有什么好顾虑的呢?"

人们对这座城市赞不绝口,称它是一座"和平之城"。还有人说,他见过世界上许多伟大的城市,但没有一个城市能与巴格达相媲美呢!

这就是我建造的东方传奇之都!

世界风云

了不起的阿拉伯人

　　巴格达从一个小村庄，变成了一座美丽的大城市。人们骑着骆驼，乘着船，带着各种各样的商品，从中国、印度、非洲，一队接一队地来到巴格达。巴格达的码头，有几千米长，挤满了各种各样的船只。有战舰，有游艇，有中国大船，也有羊皮筏子。

　　阿拉伯人的头脑很聪明，在沙漠或大海中行进时，会根据星象判断方向。所以，他们不但独占了地中海的生意，还漂洋过海，跑去跟印度和中国人做生意。

　　不过，大家都知道，做生意需要很多很多钱。到世界各地做生意，就得准备一大笔钱带在身上。可是，这些钱不是用金、银铸的，就是用铜、铁铸的，如果到哪去都要扛上一大袋钱，那实在太麻烦了。

　　但是，阿拉伯人很快就把这个麻烦解决了。他们在各个地方设立了银行，并发明了支票。商人们只要把钱先存入银行，买东西时，再将金额写在支票上付给对方，对方不管在哪里，都可以兑换到钱。如果你手里有巴格达的支票，就算在中国，也能兑换成钱呢！

　　除此之外，阿拉伯人还发明了很多东西，比如咖啡。阿拉伯生长着一种小灌木，灌木上结着小小的浆果。阿拉伯人发现，绵羊吃过这种食物，就会变得活蹦乱跳。他们也好奇地试了一下，结果也变得像羊儿们一样有精神了。于是，他们把这些种子烤干，碾碎后放到水里煮开，做成了人人都爱喝的饮料——咖啡。

世界风云

还有数字，本来是印度人发明的，从 0 至 9 每个数字都有专用符号。因为笔画简单，书写方便，运算也便利，阿拉伯人很喜欢用，传到欧洲后，就被人称为"阿拉伯数字"了。

他们还从印度学会了种棉花。用棉花做衣服，比用丝绸或者羊毛便宜，可是做出来的都是白色的，不够漂亮。所以，阿拉伯人发明了一种方法，将刻有花纹的木块蘸上颜料，印在白棉布上，做成印花布，这样看起来就漂亮多了。

而对于阿拉伯的战士来说，最令人骄傲的是他们的弯刀。他们的弯刀用一种很奇特的钢铁做成，即使弯成弓状，也不会折断。这种弯刀非常锋利，不仅能砍断漂在水中的头发，也能把硬邦邦的铁棒砍断，可以说得上是吹毛断发、削铁如泥。

除了这些，还有许多东西也是阿拉伯人发明的。怎么样，你现在是不是觉得，阿拉伯人很聪明呢？

嘻哈乐园

既能打天下，也能治天下

曼苏尔死后，巴格达出现了一个叫哈伦的哈里发。哈伦从小就聪明过人，文武双全，15岁时就领兵出征，击败了拜占庭的军队，从此声名大震。

和别的国君不一样，哈伦不喜欢躺在皇宫里吃喝玩乐，而是穿得一身破破烂烂的，跑到街上、市场上和人们交谈。人们不知道他是谁，以为也是个普通老百姓，会和他说很多知心话。

用这个方法，哈伦知道了大家在想什么，在干什么，以及对这个国家有哪些满意和不满意的地方。回到宫殿后，他就下令更改那些错误的或者不合法的政策。

比如，他了解到，国家一直按土地面积征税，但老百姓的收成有好有坏，遇上收成不好，还要被剥削，好比是雪上加霜。于是，哈伦制定了一部新法律，规定按当年收成好坏收税。

因为执政公正，人们称他是一个公正的人。在他的治理下，阿拉伯帝国也变得更强大了。这个时候，拜占庭已经衰落了，唐朝也不行了，阿拉伯成了当之无愧的头号大国。世界各地的财富，像潮水一般涌入巴格达，让世界各地的人特别羡慕。

不过哈伦也有一个烦恼，那就是以前，有一个阿拉伯人逃到西班牙，在那里也建立了一个穆斯林王朝（史称后倭马亚王朝），也治理得很好。

正好，西班牙的邻居是法兰克。哈伦当哈里发的时候，法兰

世界风云

克的国王正是查理曼。哈伦很欣赏查理曼，想让他帮忙牵制西班牙。而查理曼呢，正愁没个帮手一起对付拜占庭。双方一拍即合，时常派使节互相出使访问。

哈伦给查理曼送了一些珍贵的礼物，其中有一件礼物是钟表，是阿拉伯人的发明。这对查理曼来说，可是个稀罕物，因为欧洲还从来没有过钟表呢。

他还送了一头大象给查理曼。当这只大象出现在法兰克宫廷时，人们都惊呆了，因为他们从来没有见过这样的动物。

不过小编认为，作为一个发动过50多场战争的皇帝，哈伦送他这些东西，不如送几把阿拉伯弯刀，他可能会更高兴呢！

自由广场

最豪华的婚礼

某玻璃商人

你们听说没?哈伦的妻子规定,桌上摆放的用品,只能是金银制成的,或者是用宝石镶嵌的。这也太有钱了吧?

这有什么。你们参加过马蒙的婚礼没有?那才叫真正的豪华、大气、上档次啊!新人走过的地毯,用过的席子,都是用金线织成的。洒在身旁的,你们知道是什么吗?是我们提供的珍珠,比我们的拳头还要大!

某珍珠商人

某蜡烛商人

我知道我知道!他们还在我这做了一根巨大的蜡烛,重达100多千克。点亮这根蜡烛以后,整个皇宫像白天一样亮堂!

那你抢到红包没?听说新人大手笔啊,给宾客们送的谢礼,不是田产,就是奴隶呢!

某贵族

某穆斯林战士

现在日子倒是越过越好了。可惜,大家只知道变着法儿玩,就连哈里发也想着过舒服日子,把所有事情都交给各地的总督去管。这以后,估计大家连弯刀都不会用了!

世界风云

爱学习的哈里发

哈伦有两个儿子，一个是阿拉伯妻子生的，叫阿明；一个是波斯妻子生的，叫马蒙。哈伦死后，阿明获得了西部，马蒙获得了东部。后来，马蒙打败阿明，成了整个帝国的统治者。

这个马蒙，就是那次豪华婚礼的新郎官。你是不是觉得，一个婚礼办得如此奢侈的人，一定是个不学无术的纨绔子弟？如果你这么想，那就错了。马蒙虽然拥有数不尽的财富，却是一个地地道道的知识分子，对知识特别推崇。

自从罗马城陷落后，好多古希腊学者和诗人的作品都失传了。马蒙派人到处搜集，抢救了许多珍贵的希腊典籍。他把这些典籍全部存放在一个大房子里，命名为"智慧馆"，并开展了一个"百年翻译运动"，请来很多学者，把它们翻译成阿拉伯语。无论你是什么人，在哪里，只要你有真才实学，都会被他请到巴格达来。这样，他的手下聚集了一大批有学问的人。而智慧馆则成了大家心目中的知识殿堂（实质上是世界上最早的大学）。后来在西班牙、开罗等地，还出现了智慧馆的仿制品呢。

身为哈里发，马蒙每天有忙不完的事情，但只要一有时间，他就会去智慧馆和学者们见面，一起研究学问。他本人学识渊博，对很多学问都很感兴趣。而他最喜欢的一门学问是天文学，为此还专门建了一座天文台，让天文学家在那里观察、研究。

有一次，马蒙很想知道地球到底有多大。他发现有一本书写

世界风云

到，地球的周长有数千个斯塔德，于是他问大家："'斯塔德'是什么意思？"可是，没有一个人能回答出来。

于是，他亲自组织了一群科研人员，浩浩荡荡地开往北非去做实验。

看到这里，你是不是会惊叹：原来，获得一个知识，要经历这么多的努力和艰险啊！

奇幻漂流

炼丹炼出"黄金"来

编辑老师:

你好。自从和中国的道士打了交道以后,很多阿拉伯人和我一样,喜欢上了炼丹。据说,只要调配好各类金属矿物的比例,不但可以炼出长生不老的仙丹,还可以炼出黄金来。

不过,我们炼了很久,都没有炼出来,这是什么原因呢?

我仔细研究了一下,发现中国人炼丹用的是陶瓷,看不到里面的变化;我们用的是透明的玻璃瓶,里面什么样的变化一目了然。你说,我们炼不出来,会不会跟工具有关呢?

一名阿拉伯的炼金师

炼金师先生:

您好。尽管你们用的道具不一样,但结果是一样的,那就是中国人炼不出仙丹,你们也炼不出黄金来。因为金属是不可能互相转化的。

而且,"物以稀为贵",就算你们炼出了黄金,当人人都有黄金的时候,黄金还会值钱吗?

所以,与其天天幻想,不如脚踏实地地为大家做点实事吧!听说有的炼金师在炼丹的时候炼出了药,对治病有很大帮助,这才是真正的"黄金"呀!

名人来了

特约嘉宾
侯奈因
（简称"侯"）

越越
（简称"越"）

> 嘉宾简介：阿拉伯著名学者、资深翻译家，巴格达智慧馆馆长兼科学院院长。他精通希腊科学和伊斯兰文化，为促进希腊文化和阿拉伯文化交流融合作出了重大贡献。因为学识渊博，他被称为九世纪最伟大的学者。

越：馆长，您好。听说您通晓各国语言，上知天文下晓地理，是不是从小就这么厉害啊？

侯：唉，说来惭愧。我年少的时候，当过药剂师，但我的希腊语很不好，经常拼错药名。老师说我不配学医，还说我最好到市场上去兑换钱币。

越：啊，老师这么说有点过分哦。

侯：不能怪老师，主要是我自己不争气。所以，我离开老师后，发誓一定要好好学习希腊语，这才有了今天的翻译成就。

越：翻译的工作好做吗？

侯：不好做。因为阿拉伯懂得希腊语的太少了，所以要先把希腊语翻译成别的语言，然后再译成阿拉伯语。

越：这么麻烦？

侯：是啊。不然，哈里发怎么会给我开那么高的稿酬呢？

越：（羡慕）有多高？

侯：最高的时候，一本书有多重，他就给我付多少黄金。

越：（两眼发亮）天呐，黄金？太太太……您这个上级也太大方了吧？

侯：稿酬倒是其次，关键是哈里发很重视我们，所以大家的待遇都不错，和那些贵族差不多了吧。

越：哦，都有哪些待遇呢？

侯：就拿我来说吧，我每天骑马上班，上午工作完了就开始午睡。午睡起来后先烧个香熏熏身体，再吃个肥鸡肉填饱肚子。

越：然后再工作？

侯：呃，然后再睡一觉，喝喝

名人来了

酒，吃吃水果什么的。

越：（两眼放光）哇，翻译工作待遇这么高，看来我以后也要多学几门外语才行。

侯：趁年轻，多学点东西是没错的。

越：嗯，您说得对。——既然哈里发对您这么好，那为什么您会被哈里发关进大牢，关了一年多呢？

侯：呃……这是另一位哈里发的事了。不过这事，不方便在这里说吧？

越：没事，都已经是过去的事了。

侯：哦，事情是这样的。我不是当过医生嘛，有一次哈里发给我送了一件厚礼，要我帮他研制一种毒药，用来杀害一个仇敌。

越：您答应了？

侯：怎么可能？我只擅长研究治病的良药，没研究过杀人的毒药。如果弄出来了，我就不会坐牢了。

越：也是。不过哈里发权力这么大，干吗要大费周章，去为难一个医生呢？

侯：小记者聪明。事后我才知道，哈里发只是想考验我，看我是不是一个好医生。

越：看来您通过了考验。

侯：后来，哈里发问我，为什么不肯帮他配制毒药？

越：我也想问，为什么呢？

侯：因为我从医时，曾经发过誓，绝对不把毒药卖给任何一个人。我们的职业是治病救人，而不是卖药害人。

越：您说得太对了。怪不得大家都说您是"科学的源泉，道德的楷模"。

侯：这是我应该做的。不管是做哪一行，都要谨守一行的本分，切不可害人。

越：您说得对。（吸了吸鼻子）哇——好香！什么这么香啊？

侯：哦，可能是我的肥鸡肉做好了，走，一起去吃吧！（两人愉快地吃鸡去了。）

广告贴吧

🕊 会传信的鸽子

本店训练了一批信鸽。不管您是在经商路上,还是游玩在外,如果想念您的家人了,您可以用我们训练的鸽子传书一封,聊表思家之情。咱们的鸽子价格便宜,是您出门在外的好伴侣。

巴格达训鸽店

《指南》在手,旅行不愁

为了方便在外经商的阿拉伯商人以及需要外出的人民,邮政总局现编写了一套《旅行指南》。不管您是从巴格达去叙利亚,还是去木鹿,哪怕您要去遥远的中国,有了这份《指南》,您再也不会迷路了。欢迎大家踊跃订购。

巴格达邮政总局

分封通告 👑

易卜拉欣击败叛军有功,现决定任命他为易弗里基叶的总督,并将该行省赐给他治理,每年只需缴纳贡赋即可。

哈伦

(注:此后,哈里发开始将土地分封给各地总督和将军,总督和将军们因此获得了巨大的权力。)

第12期

【公元 836 年—11 世纪末】

阿拉伯帝国的没落

穿越必读

9 世纪中期以后，哈里发大权旁落，各地的总督和将军纷纷自立为王。有一天，一支塞尔柱突厥人杀入了巴格达，征服了阿拉伯人……

顺风快讯

巴格达迁都，皆大欢喜
——来自萨马拉的加急快讯

（本报讯）836年，巴格达传出一个消息——新继位的哈里发要把都城迁走了！

咦，巴格达这么繁荣，为什么要迁都呢？

据知情人透露，现任哈里发的母亲是突厥女奴出身。因此，哈里发对突厥人十分重视，还让他们当禁卫军，保护自己。

突厥人以前一直在亚洲北部生活，善于炼铁。被中国的唐朝打得七零八落后，只能各处游荡。他们原本又蛮横，又粗暴，现在又有哈里发撑腰，越发无法无天，有时甚至在巴格达公开抢劫。

好好的一座和平之城，被他们折腾得鸡飞狗跳。大家都恨不得将他们除之而后快。

突厥人见在这里不得人心，就唆使哈里发搬家，把首都迁到了一个离巴格达有一百多千米的地方。

巴格达的人听到这个消息，顿时都松了一口气。有的还幽默地说："哈，这座新城应该叫开心城。因为搬到那里，巴格达人开心，突厥人也开心，大家都开心呢！"

来自萨马拉的加急快讯

自由广场

憋屈的哈里发们

某宝石匠

呀,你们听说没,自从搬进新都后,哈里发们就像住进了牢房。突厥人把他们软禁起来,想让他们做什么,他们就必须做什么,这不成傀儡了吗?

没办法啊,如果不听话,他们就会被立刻废掉。有个哈里发不甘心受突厥人的摆布,一天夜里,他悄悄地从王宫逃了出来,想去巴格达搬救兵。谁知半路上突厥人追上来,把他抓了回去,杀害了。

某士兵

某贵族

现在的哈里发可是一点尊严都没有啊,有个哈里发请了一位占卜师,想预测一下自己能活多少岁。结果这个占卜师装模作样算了一番后,说:"这恐怕要看将军们的心情。"突厥人听了,都哈哈大笑呢!唉!

唉,连哈里发都这样受欺负,我们老百姓的日子就更不用想了,不好过啊!

某平民

世界风云

奴隶也能当哈里发吗

大家已经知道,阿拉伯帝国很有钱,有些阿拉伯人的日子过得比神仙还滋润。

但俗话说得好,"富家一盘菜,穷人九年劳"。要维持这么奢华的生活,费用当然不低。这么庞大的开支,钱来自哪里呢?只能从平民、奴隶身上搜刮。

在巴士拉(位于今伊拉克)的附近,有一批黑奴,是阿拉伯人从东非抓来的。他们每天被迫在沼泽地里挖泥、采盐、耕地,起得比鸡早,干得比牛多,吃得比猪差,受尽虐待,一双腿因为长期浸泡在水里,常常腐烂。

日子久了,他们忍无可忍——为什么贵族们过着神仙般的日子,我们却过得连狗都不如呢?于是,他们声称,要建立一个人人平等的美好社会,哪怕他是一个黑奴,只要他善良正直,也可以当上哈里发。

这些宣传深得人心,奴隶、农民和牧民都纷纷跑来加入,很快,这支队伍就达到20多万人。他们一鼓作气,攻占了大片土地,甚至还打到了巴格达城下。有一次,因为战死的人太多,起义军还把砍下的人头丢进河里,让他们的亲戚和朋友们认领。

可是他们口口声声说,要建立一个平等的社会,后来却把俘虏作为奴隶,分给每一个战士。昔日的奴隶,摇身一变,成了新的主人,这跟以前的情况有什么区别呢?因此,很多人对此十分

世界风云

失望，队伍里也不断地有人离开。

而这时，哈里发却派人对他们发起一场猛烈的围攻，杀死了他们的首领。一场坚持了14年的起义，就这样宣告彻底失败。

然而，哈里发还没来得及喘口气，各地的总督和将军又火上浇油，闹起了独立。除了巴格达，几乎所有的土地都被瓜分，一下子冒出了好几个哈里发。

这样一来，巴格达的哈里发日子就更加难过了，不是被废，就是被杀，有的甚至只当了一天哈里发就被罢免了，完完全全成了军人手中的玩物。

他们天天盼望着：什么时候能出来一个大救星，救他们于水火之中呢？

世界风云

塞尔柱帝国的兴与衰

10世纪的时候，一个叫塞尔柱的突厥人带着他的部落，把家搬到了巴格达附近。听说他们能征善战，哈里发以为救星来了，高高兴兴地把他们迎进了巴格达。

哪想到，这帮人一进城，就像牛皮糖一样，赖着不走了——哎，他们从来没有见过这么壮丽的城市，这么多的财富，怎么会舍得离开呢？

他们强迫哈里发封他们为苏丹（类似于总督），代表哈里发处理所有的事务。

一开始，他们还假惺惺地让哈里发扮成一国之君，坐在哈里发的宝座上表演。到后来，连演都不让演了，直接由苏丹发号施令。

接着，他们又把矛头对准了东罗马帝国。此时的东罗马混乱不堪，皇帝如走马灯似的换个不停，很快被塞尔柱人打败，就连亲自出征的皇帝也被俘虏了。

这时，塞尔柱的苏丹叫阿尔斯兰。他问东罗马的皇帝："如果我是你的俘虏，你会怎么惩罚我？"

东罗马的皇帝恶狠狠地回答道："如果俘虏是你，我会将你毫不犹豫地杀了！"

阿尔斯兰却说："那我的惩罚比你的更重，我会给你自由！"

说完，他让人把东罗马的皇帝扶起来，只收了东罗马一点点

世界风云

赎金，就让护卫把这位皇帝护送回国了。

这一战以后，小亚细亚半岛变成了伊斯兰教和突厥人的世界。塞尔柱也变成了一个无比庞大的帝国（史称塞尔柱帝国）。

有一天，塞尔柱人又抓到一名俘虏。那人被带到阿尔斯兰面前时，突然从胸中掏出一把匕首，向阿尔斯兰刺去。在场的士兵都吓了一跳，赶紧冲上前，要把这名俘虏拿下。

阿尔斯兰却摆摆手，表示不需要士兵帮忙，然后弯弓搭箭，要在那人冲过来之前把他射死。没想到脚下一滑，箭射偏了，俘虏的匕首却刺中了他的胸口……

几天后，阿尔斯兰因为失血过多，不治身亡，年仅42岁。

临死前，他把儿子叫到跟前，说："记住，千万不要得意就忘了形啊！"

（注：只可惜，无论是哈里发，还是苏丹，他们谁也没有笑到最后。因为有一支更强大的军队，从蒙古高原杀了过来……）

《一千零一夜》，讲不完的故事

阿拉伯人既会打仗，又会做生意，还会搞发明，实在是太了不起了。不过，要是你们以为他们只会这些，那就错了。他们还像中国唐朝人那样，喜欢做诗，还特别会讲故事。

传说，有一个国王，每天都要娶一位新娘，但第二天天一亮，就把她杀掉。三年的时间，整整杀了一千多个女子，吓得所有女人东躲西藏。可是有一个女人却自告奋勇，愿意嫁给国王。

到了结婚那天晚上，她给国王讲了一个有趣的故事，国王听得津津有味。讲到最精彩的时候，天亮了，国王为了让她把故事讲完，就没有杀她。就这样，她每天讲一个故事。国王每天都想："我先不杀她，等她讲完故事再说。"

结果，这些故事好像讲不完似的，一个比一个精彩。比如《阿里巴巴和四十大盗》啊，《阿拉丁的故事》啊，《渔夫的故事》啊，等等。一直讲了一千零一个夜晚，国王越听越入迷，最终他醒悟了，决定以后不再杀人，还让人把这些故事记录下来，编成了一本书。

这本书就叫《天方夜谭》，又叫《一千零一夜》。书里面的故事，其实都是流传在民间的一些有趣故事，常常是大故事里套着小故事，悬念一个接一个，让人听了，就会忍不住再听下去。

比如，《渔夫的故事》讲道：从前有个渔夫，有一天捞到一个瓶子，打开瓶盖，里面冒出一股青烟，不一会儿，变成了一个魔鬼。

魔鬼说："我在海里等了很久很久，都没有人来救我。所以，我非常生气，发誓说，谁要是救了我，我就杀死他。所以，我要

智慧森林

杀了你！"

渔夫急中生智，说："你说你困在这个瓶子里，我不信，这个瓶子这么小，怎么能把你装进去呢？"

魔鬼见他不信，于是摇身一变，又变成一股青烟，钻了进去。渔夫立刻把瓶子盖上。魔鬼害怕又被他丢到海里，又发誓说只要放了他，就会好好报答渔夫。

渔夫相信了魔鬼，把他放了出来。魔鬼把他带到一个大湖边，让他捞了四种不同颜色的鱼。渔夫把这些鱼献给了国王。国王头一次看到这种鱼，很好奇，就让宫里最好的女厨师把它做成菜。在女厨师煎鱼时，突然，厨房的墙壁裂开了，从里面走出一个年轻的女子，吓得女厨师晕了过去……

国王知道这件事后，让渔夫带他去那个湖边。他想知道这个湖的来历，于是带上宝剑，装扮成普通人，去四周查访。走了两天，他发现一座黑色的宫殿……

故事讲到这里就结束了吗？嘿，当然没有，如果要讲完，估计讲一千零一夜都讲不完呢！所以，想知道故事的结局吗？请大家去买一本来看看吧，小编的故事就讲到这里啦！

奇幻漂流

去哪个大食做生意

编辑老师：

你好。我是一名普通的中国商人。因为这些年，中国和阿拉伯生意往来十分频繁，我也想去阿拉伯那边做点小生意。

但是，我听说，阿拉伯有好几个国家，有的叫白衣大食，有的叫绿衣大食，还有的叫黑衣大食。

我都有点糊涂了，我该去哪一个大食做生意呢？

一名普通的商人

这位先生：

您好。大食是中国人对阿拉伯帝国的统称。阿拉伯帝国又分为不同的王朝，就像中国有秦朝、汉朝、唐朝一样。

为了加以区分，中国就用不同的颜色，来表示这些不同的王朝。比如，最早的倭马亚王朝，爱穿白袍戴白帽，使用白色旗帜，叫作白衣大食（包括西班牙的后倭马亚王朝）。阿拔斯王朝喜欢黑色服装，使用黑色旗帜，叫作黑衣大食。埃及的法蒂玛王朝，喜欢穿绿色衣服，使用绿色旗帜，叫作绿衣大食。

这几个大食，我建议您还是去黑衣大食，离中国近一点，比较方便。祝您一路平安，财源滚滚哦。

名人来了

特约嘉宾

伊本·西拿（又名阿维森纳）
（简称"伊"）

越越
（简称"越"）

> 嘉宾简介：一个人能够同时成为一名哲学家、数学家、天文学家、诗人，而且被尊为医中之王，简直是不可思议。然而，他却做到了。人们称他是"第二个亚里士多德"。

越：您好，阿布·阿里·胡赛因·伊本·阿卜杜拉·伊本·西拿。哎呀，阿拉伯人的名字怎么那么长啊？

伊：那是因为阿拉伯人除了自己的本名外，还要加上父亲的名字，祖父的名字，甚至还要加上部落名、外号……

越：我的那个天！……那我们说点别的。听说您从小就是个神童，十几岁就没有老师能教您了？

伊：你要是为了读懂一本书，可以把它翻来覆去地读上40遍，你也可以成为神童。

越：40遍？唉，我顶多翻三遍。

伊：多翻一遍，你就会对这本书又多一次了解。

越：多谢先生教诲。听说您十七岁的时候，你们皇帝生了病，很多人都治不好，您却把他治好了？

伊：嗯，可能是因为我经常给穷人免费看病，积累了比别人更多一点的经验。

越：（两眼发光）那您救了皇帝，一定得到不少赏赐吧？

伊：我只跟皇帝提了一个要求。

越：什么要求？

伊：就是请皇帝允许我去他的图书馆看书。他的那些书，比黄金宝石还要值钱呢！

越：呀，是我的话，怎么着也得弄个宰相当当啊！

伊：宰相我也当过，很难当。每天有做不完的事情不说，还树了不少敌人。为了躲避这些仇家，我东躲西藏，甚至还坐过牢。

越：啊，当官风险这么大？

名人来了

伊：不过也没什么。我正好借此机会，到各个国家走走，写一写我的《医典》，哈哈！

越：先生真乐观。我知道《医典》这本书。很多人都说瘟疫是神对人的惩罚，但您好像提出了不同的见解？

伊：是的，我认为，瘟疫，包括天花、麻疹这些病，都是由一些看不见的东西，通过水、空气和土壤传染人的，跟神并没有关系。

越：看不见的东西？您是说细菌吗？

伊：细菌是什么？我不了解。我只是通过平常的观察，这样假设而已。（注：细菌是在17世纪时才被人发现的。）

越：这也能假设？那您也太厉害了！

伊：不过还是有很多人迷信巫师和庸医的治病土方，唉！

越：大家也没有别的方法吧，才会上那些庸医的当。

伊：老百姓生不起病，最好还是以预防为主。比如，平常多喝煮开过的水，在衣食住行方面多注意卫生，坚持锻炼身体。

越：现在的人好像没这种观念。

伊：所以我才会写《医典》这本书，希望大家能更深入地了解一下自己和自己的身体。小记者记得帮我宣传一下啊。

越：先生也要注意自己的身体，不要经常熬夜了。身体健康，才能长命百岁。

伊：如果一个人长命百岁，却毫无建树，那这样的一生有何意义？对我来讲，我宁愿过宽广而短暂的一生，而不要过漫长而狭隘的一生。——好了，我的时间宝贵，还有很多事在等我去做，小记者再见。

广告贴吧

污水处理公告

为给巴格达创造一个美好、干净的卫生环境，现规定，所有公共澡堂的污水务必统一排放至污水坑，不得排入底格里斯河，以免污染河水。如有违反，必当严惩。

巴格达内政部

不给庸医发执照

前不久发生一起庸医杀人事件，行为极为恶劣。为防止今后发生类似事件，从今以后，所有医生必须像药剂师那样，经过专业考试才可营业。不及格者，不予发放营业执照。

哈里发　穆格台迪尔

给新医院选址

为了给医院选择一个新的地址，现在我决定在各地区挂上几条肉，哪个地区的肉条腐烂得最少，哪个地区的卫生条件就最好。请大家帮我留意一下。

巴格达大医院院长　拉齐斯

智者为王第 4 关

1. 威廉建立的王朝是哪个王朝?
2. 据说什么时候是世界末日?
3. 征服者威廉死后,谁继承了英格兰的王位?
4. 威斯敏斯特教堂是谁修建的?
5. 英国的皇家森林是哪个国王在世时建的?
6. 当阿拉伯帝国处于最繁荣强盛的时期,中国正处于哪个朝代?
7. 阿拉伯数字是阿拉伯人发明的吗?
8. 创建智慧馆的哈里发是谁?
9. 九世纪阿拉伯最有名的学者是谁?
10. 哪个城市被称为和平之城?
11. 突厥人最擅长的是什么技术?
12. 塞尔柱帝国最有权力的是谁?
13. 《一千零一夜》这本书又叫什么?
14. 中国把阿拉伯帝国叫作什么?
15. 医中之王是谁?

智者无敌 王者为大

智者为王答案

第❶关答案

1. 法国。
2. 克洛维。
3. 奥多亚克。
4. 克洛维。
5. 传教士。
6. 《查士丁尼法典》。
7. 希腊文。
8. 蓝队与绿队。
9. 波斯商人。
10. 曲女城。
11. 高昌国国王。
12. 那烂陀寺。
13. 唐太宗李世民。
14. 大乘佛教。
15. 《大唐西域记》。

第❷关答案

1. 基督教、佛教和伊斯兰教。
2. 穆斯林。
3. 公元622年。
4. 哈里发。
5. 波斯。
6. 埃及。
7. 欧麦尔。
8. 西哥特王国。
9. 希腊火。
10. 是。
11. 比利牛斯山。
12. 采邑。
13. 图尔之战。
14. 假的。
15. 波斯帝国、亚历山大帝国、罗马帝国、东罗马帝国。

智者为王答案

第❸关答案

1. 红桃K。
2. 罗马。
3. 阿尔昆。
4. 不是,是亚琛。
5. 凡尔登。
6. 斯堪的纳维亚半岛。
7. 阿尔弗烈德。
8. 诺曼底公国。
9. 哈拉尔。
10. 丹麦、英格兰和挪威三个王国。
11. 东法兰克王国。
12. 公元1054年。
13. 奥托大帝。
14. 德意志的亨利四世。
15. 21岁。

第❹关答案

1. 诺曼王朝。
2. 耶稣诞生后的一千年。
3. 红脸威廉。
4. 忏悔者爱德华。
5. 征服者威廉。
6. 唐朝。
7. 不是,是印度人。
8. 马蒙。
9. 侯奈因。
10. 巴格达。
11. 冶铁。
12. 苏丹。
13. 《天方夜谭》。
14. 大食。
15. 伊本·西拿(又名阿维森纳)。

世界历史大事年表

时　间	世界大事记
公元481年	法兰克王国建立
公元622年	穆罕默德从麦加出走麦地那，伊斯兰教纪元开始
公元645年	唐朝高僧玄奘从天竺取经归来
公元651年	波斯帝国彻底灭亡
公元661年	阿拉伯帝国倭马亚王朝（白衣大食）建立
公元732年	法兰克大败阿拉伯帝国
公元750年	阿拉伯帝国阿拔斯王朝（黑衣大食）建立
公元763年	阿拉伯帝国迁都巴格达
公元800年	查理加冕为罗马人皇帝
公元843年	查理帝国分裂，法兰西、德意志、意大利雏形产生
公元962年	神圣罗马帝国建立
公元1054年	基督教会分裂
公元1066年	诺曼底公爵征服英国